人力资源管理及创新研究

刘伟明 钟丽 马娟 著

延吉·延边大学出版社

图书在版编目（CIP）数据

人力资源管理及创新研究 / 刘伟明, 钟丽, 马娟著. -- 延吉：延边大学出版社, 2023.6
ISBN 978-7-230-05165-1

Ⅰ. ①人… Ⅱ. ①刘… ②钟… ③马… Ⅲ. ①人力资源管理－研究 Ⅳ. ①F243

中国国家版本馆 CIP 数据核字(2023)第 116175 号

人力资源管理及创新研究

著　　者：刘伟明　钟　丽　马　娟	
责任编辑：王宝峰	
封面设计：文合文化	
出版发行：延边大学出版社	
地　　址：吉林省延吉市公园路977号	邮　编：133002
网　　址：http://www.ydcbs.com	E-mail：ydcbs@ydcbs.com
电　　话：0433-2732435	传　真：0433-2732434
印　　刷：三河市天润建兴印务有限公司	
开　　本：787毫米×1092毫米　1/16	
印　　张：10.75	
字　　数：200千字	
版　　次：2023年6月第1版	
印　　次：2023年9月第1次印刷	
书　　号：ISBN 978-7-230-05165-1	

定　　价：55.00 元

前　言

随着知识经济社会的到来，企业之间的竞争变成了人才的竞争。谁能够获取优秀的人才，并能够对现有人才进行合理使用和开发，谁就能够在激烈的竞争中获得优势。人力资源管理是根据企业发展战略的要求，有计划地对企业中的员工进行合理配置。人力资源管理水平成为企业竞争力核心。因此，加强对人力资源管理的研究也成为当前非常重要的课题。

互联网时代，人力资源日益成为社会经济发展所依赖的综合性的、无形的财富和生产要素，其决定着组织的成败。把人看作组织在激烈的竞争中获得生存的特殊资源来发掘并科学地管理，已成为管理理论和实践的重要组成部分。人力资源管理具有组织管理中的重要职能，未来的管理者必须了解并熟悉人力资源管理工作，这样才能有效利用和充分开发人力资源，使组织形成并保持核心竞争优势。

本书针对人力资源管理与企业管理创新方面面临的机遇和挑战，尝试总结人力资源管理与企业新的创新路径，从而对探索和引导人力资源管理与企业管理创新工作的途径和方法提出一些建议，对进一步加强人力资源管理与企业创新价值理念的研究具有一定的作用。本书有以下三个特点：

第一，系统全面，重点突出。在内容的编排方面，本书为读者系统呈现了人力资源管理理论体系，围绕人力资源管理的基本职能展开，突出重点，有助于读者对人力资源管理形成全面系统的认识。同时，本书努力将互联网时代人力资源管理领域的新动态和新发展传递给读者，力争全面介绍近年来人力资源管理研究、实践和教学方面的新成果，有助于帮助读者了解人力资源管理的发展过程，掌握人力资源管理的理论和方法，培养人力资源管理的能力，解决未来人力资源管理的问题。

第二，理论联系实际，应用性强。本书立足于互联网时代组织人力资源管理的新特征，匹配高等教育改革的目标，将理论教学和实践能力培养有机结合，满足经济管理及相关专业学生对人力资源管理的现实需求。在保证人力资源管理基础知识和理论系统完整的基础上，注重与管理实践紧密结合。

第三，注重互联网时代人力资源管理的新动态和新发展。伴随互联网时代的到来，人力资源管理出现新的变化，传统的组织形式已经发生了变化，自组织、创客组织等多种新兴组织形式层出不穷。创新的人力资源管理制度和政策、不确定性环境中的人力资源管理模式转型、数据化人力资源决策与人力资源价值计量管理成为人力资源管理的核心。本书有互联网时代人力资源管理发展的相关内容，如互联网时代人力资源管理实践的发展、大数据支持下的人力资源规划和招聘录用新实践、基于互联网的主流培训模式、战略性绩效管理等，从而更好地贴近了人力资源管理实践的最新发展，对互联网时代的企业人力资源管理工作有一定的借鉴意义。

人力资源管理并不是一个新概念，但是随着经济社会的不断发展，它的管理理论和实际应用却需要不断更新。笔者在撰写本书的过程中，借鉴了许多前人的研究成果，在此表示衷心的感谢。希望本书能够起到抛砖引玉的作用，希望越来越多的学者加入人力资源管理研究行列，共同探索，共同进步。由于时间和水平所限，书中难免存在一些不足之处，希望广大读者批评指正。

目　录

第一章　人力资源与人力资源管理概述 ... 1

第一节　人力资源概述 ... 1
第二节　人力资源管理概述 ... 9
第三节　人力资源管理的产生与发展 ... 18

第二章　基于创新理念下的员工招募与筛选 ... 24

第一节　招聘概述 ... 24
第二节　人员甄选 ... 28
第三节　招聘面试 ... 31
第四节　招聘评估 ... 33
第五节　人员招募创新模式——"互联网+"招聘 ... 36

第三章　基于创新理念下的员工培训 ... 48

第一节　培训原则和培训制度 ... 48
第二节　培训需求分析 ... 51
第三节　培训对象选择 ... 54
第四节　培训的方法及评估 ... 57
第五节　"互联网+"人才培训 ... 62

第四章 基于创新理念下的薪酬体系设计与绩效管理 …… 79

第一节 薪酬体系设计概念 …… 79

第二节 激励机制管理与福利计划 …… 83

第三节 绩效管理概述 …… 88

第四节 "互联网"时代绩效管理创新 …… 95

第五章 人力资源管理者队伍建设 …… 100

第一节 人力资源管理者的职业化 …… 100

第二节 人力资源管理者的任务 …… 104

第三节 人力资源管理者的素质要求 …… 113

第四节 人力资源管理者的培养 …… 122

第六章 互联网时代的人力资源管理 …… 130

第一节 互联网时代人力资源管理面临的机遇与挑战 …… 130

第二节 互联网时代人力资源管理与传统人事管理的差异 …… 141

第三节 互联网时代人力资源管理的主要模式 …… 151

参考文献 …… 165

第一章 人力资源与人力资源管理概述

第一节 人力资源概述

一、资源与人力资源概念

（一）资源

按照逻辑从属关系，人力资源属于资源（Resource）这一大的范畴，它是资源的一种具体形式。因此，在解释人力资源的概念之前，有必要先对"资源"这一概念进行简要的说明。

《辞海》把"资源"解释为"资财的来源，一般指天然的财源"。资源是人类赖以生存的基础，从不同的角度有不同的解释。从经济学的角度来看，资源是指能给人们带来新的使用价值和价值的客观存在物，泛指社会财富的源泉。自人类出现以来，财富的来源无非两类：一类是来自自然界的物质，可以称之为自然资源，如森林、矿藏、河流、草地等；另一类就是来自人类自身的知识和体力，可以称之为人力资源。在相当长的时期，自然资源是财富的主要来源；但是随着科学技术的突飞猛进，人力资源对财富的贡献越来越大，并逐渐占据主导地位。

从财富创造的角度来看，资源是指为了创造物质财富而投入生产过程的一切要素。法国经济学家萨伊认为，土地、劳动、资本是构成资源的三要素。马克思认为，生产要素包括劳动对象、劳动资料和劳动者，而劳动对象和劳动资料又构成了生产资料。因此，不论生产的社会形式如何，劳动者和生产资料始终是生产的要素。著名经济学家熊彼特认为，除土地、劳动、资本这三种要素外，还应该加上企业家精神。随着社会的发展，信息技术的应用越来越广泛，其作用也越来越大。因此，很多经济学家认为生产要素中还应该加上信息。目前，伴随着知识经济的兴起，知识在价值创造中的作用日益凸显，因此也有人认为应当把知识作为一种生产要素单独看待。

(二) 人力资源

"人力资源"的概念最早是彼得·德鲁克于1954年出版的《管理的实践》一书中提出并明确加以定义的。彼得·德鲁克认为，人力资源拥有其他资源所没有的素质，即"协调能力、融合能力、判断力和想象力"。彼得·德鲁克提出的"人力资源"概念，以及人事管理理论和实践的发展，随着后工业时代的企业员工管理方式逐渐落后于时代，人事管理开始向人力资源管理转变。这种转变正如彼得·德鲁克在其著作中所说的："传统的人事管理正在成为过去，一场新的以人力资源管理开发为主调的人事革命正在到来。"

20世纪60年代以后，美国经济学家西奥多·舒尔茨和加里·贝克尔提出了现代人力资本理论。这个理论认为，人力资本是体现在具有劳动能力的人身上的、以劳动者的数量和质量（即知识、技能、经验、体质与健康）表示的资本，它是通过投资而形成的。人力资本理论的提出，使人力资源的概念更加被人们所接受。英国经济学家哈比森在《作为国民财富的人力资源》一书中写道："人力资源是国民财富的最终基础。资本和自然资源是被动的生产要素。人是积累资本，开发自然资源，建立社会、经济和政治组织并推动国家向前发展的主动力量。显而易见，一个国家如果不能发展人们的知识和技能，就不能发展任何新的东西。"

学界对人力资源的研究越来越多。到目前为止，对人力资源的含义，学者给出了不同的解释。根据研究的角度，可以将这些定义分为两大类：

第一类主要是从能力的角度来解释人力资源的概念，可将其称为人力资源的"能力观"，持这种观点的学者较多。代表性的观点有以下几种：

（1）张德认为，所谓人力资源，是指能够推动整个经济和社会发展的劳动者的能力，即处在劳动年龄的已直接投入建设和尚未投入建设的人口的能力。

（2）赵继新、魏秀丽、郑强国等人认为，人力资源是一个国家、经济部门或组织所能够开发和利用的，用来提供产品和服务、创造价值、实现相关目标的，它是所有以人为载体的脑力和体力的综合。

（3）朱舟认为，所谓人力资源，是指包含在人体内的一种生产能力，它是表现在劳动者的身上，以劳动者的数量和质量表示的资源，对经济起着生产性的作用，并且是企业经营中最活跃、最积极的生产要素。

（4）萧鸣政等人认为，所谓人力资源，是指劳动过程中可以直接投入的体力、智力、心力的总和及其形成的基础素质，其包括知识、技能、经验、品性与态度等身心素质。

第二类主要是从人的角度来解释人力资源的概念，因此可以将这些观点称为人力资源的"人员观"。代表性的观点有以下几种：

（1）陆国泰认为，人力资源是指一定社会区域内所有具有劳动能力的适龄劳动人口和超过劳动年龄的人口的总和。

（2）张景亮等人认为，人力资源是指企业内部成员及外部的顾客等人员，即可以为企业提供直接或潜在服务及有利于企业实现预期经营效益的人员的总和。

（3）陈远敦、陈全明认为，人力资源是指能够推动社会和经济发展的具有智力与体力劳动能力的人员的总称。

综合国内外专家学者的研究，笔者认为，人力资源是指那些体能、技能、智能健全，能够以各种有益于社会的脑力劳动和体力劳动创造财富，从而推动经济社会发展的人的总和。

二、人力资源的数量和质量

作为一种资源，人力资源同样具有量的规定性和质的规定性。由于人力资源是依附人的劳动能力的，和劳动者密不可分，因此可以用劳动者的数量和质量来反映人力资源的数量和质量。

（一）人力资源的数量

1.人力资源数量的计量

对于企业而言，人力资源的数量一般来说就是其员工的数量。

对于国家而言，人力资源的数量可以从现实人力资源数量和潜在人力资源数量两个方面来计量。潜在人力资源的数量，可依据一个国家具有劳动能力的人口数量加以计量。为此，各国都根据其国情对人口进行劳动年龄的划分，我国现行的法定劳动年龄是：男性16—60周岁，女性16—55周岁。劳动年龄上下限之间的人口称为"劳动适龄人口"。小于劳动年龄下限的称为"未成年人口"，大于劳动年龄上限的称为"老年人口"。一般认为这两类人口不具有劳动能力。

但是在现实中，劳动适龄人口内部存在一些丧失劳动能力的病残人口。此外，还存在一些因为各种原因暂时不能参加社会劳动的人口，如在校就读的学生。在劳动适龄人口之外，也存在一些具有劳动能力，正在从事社会劳动的人口，如退休返聘人员。在计量人力资源时，对上述两种情况都应当加以考虑，这也是划分现实人力资源与潜在人力资源的依据。

综上所述，可以对我国的人口构成进行如下的划分：

（1）处于劳动能力之内、正在从事社会劳动的人口，它占据人力资源的大部分，可称为"适龄就业人口"。

（2）尚未达到劳动年龄、已经从事社会劳动的人口，即"未成年就业人口"。

（3）已经超过劳动年龄、继续从事社会劳动的人口，即"老龄劳动者"或"老年就业者"。

以上三部分构成就业人口的总体，被称为劳动力人口。

（4）处于劳动年龄之内，具有劳动能力并要求参加社会劳动的人口，这部分可以称为"待业人口"，它与前三部分一起构成经济活动人口，即现实的人力资源。

（5）处于劳动年龄之内、正在从事学习的人口，即"求学人口"。

（6）处于劳动年龄之内、正在从事家务劳动的人口。

（7）处于劳动年龄之内、正在军队服役的人口。

（8）处于劳动年龄之内的其他人口。

2.影响人力资源数量的因素

由上面的分析可以看出，人力资源的数量受到很多因素的影响，概括起来主要有以下几个方面：

（1）人口的总量。人力资源属于人口的一部分，因此人口的总量会影响到人力资源的数量。人口的总量由人口基数和自然增长率两个因素决定，自然增长率又取决于出生率和死亡率，用公式1·1表示如下：

$$人口总量 = 人口基数 \times [1 + (出生率 - 死亡率)] \quad (1\cdot1)$$

（2）人口的年龄结构。人口的年龄结构也会对人力资源的数量产生影响，在相同的人口总量下，不同的年龄结构会使人力资源的数量有所不同。劳动适龄人口在人口总量中所占的比重比较大时，人力资源的数量相对会比较多；相反，人力资源的数量相对会比较少。

（二）人力资源的质量

人力资源是人所具有的智力和体力的总和，因此劳动者的素质就直接决定了人力资源的质量。人力资源质量的最直观表现是人力资源或劳动要素的体质水平、文化水平、专业技术水平以及心理素质水平、道德情操水平等。此外，人力资源质量也可以用每百万人口中接受高等教育的人数、小学教育普及率、中学教育普及率、专业人员占全体劳动者比重等经济社会统计常用指标来表示。

劳动者的素质由体能素质和智能素质构成。就劳动者的体能素质而言，又有先天的体质和后天的体质之分；智能素质包括经验知识和科技知识两个方面，而科技知识又可分为通用知识和专业知识两个部分。此外，劳动者的积极性和心理素质是劳动者发挥其体力与脑力的重要条件。

与人力资源的数量相比，人力资源的质量方面更重要。人力资源的数量能反映出可以推动物质资源的人的规模；人力资源的质量则反映出可以推动哪种类型、哪种复杂程度和多少数量的物质。

一般来说，复杂的劳动只能由高质量的人力资源来承担，简单劳动则可以由其他的人力资源承担。经济越发展，技术越现代化，对人力资源的质量要求越高，现代化的生产体系就越要求人力资源具有极高的质量水平。

三、人力资源与相关概念

（一）人力资源、人口资源和人才资源

人口资源是指一个国家或地区所拥有的人口总量。它是一个最基本的资源，一切人力资源、人才资源皆产生于这个最基本的资源中，其主要表现为人口的数量。

人才资源是指一个国家或地区中具有较多科学知识、较强劳动技能，在价值创造过程中起关键或重要作用的那部分人。人才资源是人力资源的一部分，即优质的人力资源。

应当说，人力资源、人口资源和人才资源这三个概念的本质有所不同，人口资源和人才资源的本质是人，而人力资源的本质则是人的智力和体力。从本质上来讲，它们之间并没有什么可比性。就人口资源和人才资源来说，它们关注的重点不同，人口资源更多的是一种数量概念，而人才资源更多的是一种质量概念。

在数量上，人口资源是最多的，它是人力资源形成的数量基础，而人口资源中具备

一定智力资本和体能的那部分才是人力资源；而人才资源又是人力资源的一部分，它是人力资源中质量较高的那部分人力资源，也是具有特殊智力资本和体能的人力资源，又是数量最少的人力资源。

在比例上，人才资源是最小的，它是从人力资源中产生的；而人力资源又是从人口资源中产生的。

（二）人力资源和人力资本

"人力资源"和"人力资本"是容易混淆的两个概念，很多人甚至将其通用，其实这两个概念是有一定区别的。

1.资本和人力资本

"资本"一词的含义，语义上有三种解释：一是指掌握在资本家手里的生产资料和用来雇用工人的货币；二是指经营工商业的本钱；三是指谋取利益的凭借物。马克思则认为，资本是指那些能够带来剩余价值的价值。

被誉为"人力资本之父"的西奥多·舒尔茨认为，人力资本是劳动者身上所具备的两种能力，一种能力是通过先天遗传获得的，它是由个人与生俱来的基因决定的；另一种能力是后天获得的，它是由个人经过努力学习而形成的，而读写能力是任何民族的人力资本质量的关键成分。

2.人力资源和人力资本的关系

人力资源和人力资本是既有联系又有区别的两个概念。

人力资源和人力资本都是以人为基础而产生的概念，研究的对象都是人所具有的脑力和体力，从这一点上看两者是一致的；而且，现代人力资源理论大都是以人力资本理论为根据的，人力资本理论是人力资源理论的重点内容和基础部分，人力资源经济活动及其收益的核算是基于人力资本理论进行的。两者都是在研究人力作为生产要素在经济增长和经济发展中的重要作用时产生的。

虽然这两个概念有着紧密的联系，但它们之间也存在一定的区别。

首先，在与社会财富和社会价值的关系上，两者是不同的。人力资源作为一种资源，劳动者拥有的脑力和体力对价值的创造作出了重要的贡献；人力资源强调人力作为生产要素在生产过程中的生产、创造能力，其在生产过程中可以创造产品、创造财富，促进经济发展。它与社会价值的关系应当说是一种由果溯因的关系。人力资本是由投资形成的，强调以某种代价获得的能力或技能的价值，投资的代价可在提高生产力过程中以更大的收益收回。因此,劳动者将自己拥有的脑力和体力投入到生产过程中,参与价值创造,就要据此来获取相应的劳动报酬和经济利益,它与社会价值的关系应当说是一种从因向果的关系。

其次,两者研究问题的角度和关注的重点也不同。人力资源将人作为财富的来源来看待,是从投入产出的角度来研究人对经济发展的作用,关注的重点是产出问题,即人力资源对经济发展的贡献有多大,对经济发展的推动力有多强。人力资本是通过投资形成的存在于人体中的资本形式,是形成人的脑力和体力的物质资本在人身上的价值凝结,是从成本收益的角度来研究人在经济增长中的作用。它强调投资付出的代价及其收回,考虑投资成本带来多少价值,研究的是价值增值的速度和幅度,关注的重点是收益问题,即投资能否带来收益以及带来多少收益的问题。

最后,人力资源和人力资本的计量形式不同。众所周知,资源是存量的概念,而资本则兼有存量和流量的概念,人力资源和人力资本也同样如此。人力资源是指一定时间、一定空间内人所具有的对价值创造起作用并且能够被组织所利用的体力和脑力的总和。人力资本,如果从生产活动的角度看,往往是与流量核算相联系的,表现为经验的不断积累、技能的不断增进、产出量的不断变化和体能的不断损耗;如果从投资活动的角度看,又与存量核算相联系,表现为投入教育培训、迁移和健康等方面的资本在人身上的凝结。

四、人力资源的特点

(一)主观能动性

人力资源的主观能动性是指人力资源体力和智力的融合不仅具有主动性,而且还具有不断挖掘的潜力。主观能动性表明人具有意识,知道活动的目的,因此可以有效地对自身活动作出选择,另外也表明人在各种活动中处于主体地位,可以支配其他一切资源。此外,人力资源的主观能动性还表明它具有自我开发性。在生产过程中,人一方面是对自身的损耗,另一方面则通过自身的合理行为,使自身的损耗得到弥补、更新和发展;其他资源则没有这种特性。最后,人力资源在各种活动中是可以被激励的,也就是说可通过提高人的劳动能力和劳动动机来提高劳动效率。

（二）时效性

人力资源的时效性是指它的形成、开发和利用都要受到时间的限制，如果长期不用，人力资源可能就会荒废和退化。人具有生产劳动的能力，但是随着年龄的增长和环境的变化，这种能力就会随之发生变化。人在每个年龄段的工作能力都会有所差异，不及时使用和开发就会失去其固有的作用和能力。人的生命是有限的，劳动技能会发生衰退，智力、知识和思维也会衰退。

（三）增值性

与自然资源相比，人力资源具有明显的增值性特征。一般来说，自然资源是不会增值的，只会因为不断地消耗而逐渐"贬值"。人力资源则不同，人力资源是人所具有的脑力和体力，对个人来说，他的体力不会因为使用而消失，只会因为使用而不断增强，当然这种增强是有一个限度的；他的知识、经验和技能也不会因为使用而消失，相反会因为不断地使用而更有价值。也就是说，在一定的范围内，人力资源是不断增值的，创造的价值会越来越多。

（四）两重性

人力资源既是投资的结果，又能创造财富，其具有既是生产者又是消费者的两重性。人力资源投资的程度决定了人力资源的质量。研究表明，对人力资源的投资无论是为社会还是为个人所带来的收益都要远远大于对其他资源的投资所产生的收益。

（五）社会性

自然资源具有完全的自然属性，不会因为所处的时代、社会的不同而有所变化。例如，古代的黄金和现代的黄金是一样的，中国的黄金和南非的黄金也没有什么本质的区别。人力资源则不同，人所具有的体力和脑力明显受到时代与社会因素的影响，从而具有社会属性。

五、人力资源的作用

（一）人力资源是财富形成的关键要素

人力资源是构成社会经济运动的基本前提。从宏观的角度看，人力资源不仅在经济管理中必不可少，而且是组合、运用其他各种资源的主体。也就是说，人力资源是能够推动和促进各种资源实现配置的特殊资源。因此，人力资源成为最重要和最宝贵的资源。它不仅与自然资源一样是财富的源泉，而且在财富的形成过程中发挥着关键作用。

社会财富是由对人类的物质生活和文化生活具有使用价值的产品构成，因此自然资源不能直接形成财富，必须有一个转化的过程，人力资源在这个转化过程中起到了重要的作用。人们将自己的脑力和体力通过各种方式转移到自然资源上，改变了自然资源的状态，使自然资源转变为各种形式的社会财富，在这一过程中，人力资源的价值也得以转移和体现。应该说，没有人力资源的作用，社会财富就无法形成。

（二）人力资源是经济发展的主要力量

人力资源不仅决定着财富的形成，而且是推动经济发展的主要力量。随着科学技术的不断发展，知识技能的不断提高，人力资源对价值创造的贡献度越来越大，社会经济发展对人力资源的依赖程度也越来越大。

（三）人力资源是企业的首要资源

在现代社会中，企业是构成社会经济系统的细胞单元，是社会经济活动中最基本的经济单位，是价值创造最主要的组织形式。企业的出现，是生产力发展的结果，而企业反过来又极大地提高了生产力的水平。

通过以上分析可以得知，无论是对社会还是对企业而言，人力资源都发挥着极其重要的作用。因此，人们必须加以重视，创造各种有利的条件以保证其作用的充分发挥，从而实现财富的不断增加、经济的不断发展和企业的不断壮大。

第二节　人力资源管理概述

一、人力资源管理的含义

人力资源管理这一概念，是彼得·德鲁克在 1954 年提出人力资源的概念之后出现的。1958年，怀特·巴克出版了《人力资源功能》一书，此书首次将人力资源管理作为管理的普遍职能来加以论述。此后，随着人力资源管理理论和实践的不断发展，国内外学界出现了有关人力资源管理理论的各种流派，他们从不同的侧面对人力资源管理的概念进行了阐释。

绝大多数学者认为，人力资源管理是指为了达到组织的总体目标，运用现代科学的技术方法，通过对组织的人和事的管理，协调好人与事的关系，处理好人与人之间的矛盾，充分发挥人的潜能，对人力资源进行获取、开发、整合和调控的过程。人力资源管理包括人力资源规划、人员招聘与培训、薪酬体系的制定及绩效考核等方面。

二、人力资源管理的功能

人力资源管理的功能指人力资源管理自身应该具备或者发挥的作用，按照前文对管理职能的解释，人力资源管理的功能是通过其职能来实现的，而人力资源管理的职能则是指它所要承担或履行的一系列活动。确切地说，人力资源管理的功能是指人力资源管理自身所具备或应该具备的作用，这种作用并不是相对于其他事物而言的，而是具有一定的独立性，反映了人力资源管理自身的属性。人力资源管理的功能主要有四个方面：吸纳、维持、开发、激励。

人力资源管理的吸纳功能主要是指吸引并让优秀的人才加入本企业；人力资源管理的维持功能是指让已经加入的员工继续留在本企业；人力资源管理的开发功能是指让员工保持能够满足当前及未来工作需要的技能；人力资源管理的激励功能则是指让员工在现有的工作岗位上创造出优良的绩效。

就这四项功能之间的相互关系而言，吸纳功能是基础，它为其他功能的实现提供了条件，不能将人员吸引到企业中来，其他功能就失去了发挥作用的对象；激励功能是核心，是其他功能发挥作用的最终目的，如果不能激励员工创造出优良的绩效，其他功能的实现就失去了意义；开发功能是手段，只有让员工掌握了相应的工作技能，激励功能的实现才会具备客观条件，否则就会导致员工"心有余而力不足"；维持功能是保障，只有将吸纳的人才保留在企业中，开发和激励功能才会有稳定的对象，其作用才可能持久。

在企业的实践过程中，人力资源管理的这四项功能通常被概括为"选、育、用、留"四个字。"选"就相当于吸纳功能，要为企业挑选出合格的人才；"育"就相当于开发功能，要不断地培育员工，使其工作能力不断提高；"用"就相当于激励功能，要最大限度地使用已有的人才，为企业的价值创造作出贡献；"留"就相当于维持功能，要采用各种办法将优秀的人才保留在企业中。

三、人力资源管理的目标

人力资源管理目标是指企业人力资源管理需要完成的职责和需要达到的绩效。人力资源管理既要考虑组织目标的实现，又要考虑员工个人的发展，因此强调在实现组织目标的同时实现个人的全面发展。人力资源管理目标包括全体管理人员在人力资源管理方面的目标任务与专门的人力资源部门的目标任务。具体来说，这些目标任务主要有以下几个方面：

（一）获取并保持适合组织发展的人力资源

人才是企业最重要的资源。在日益激烈的商业竞争中，拥有比对手更优秀、更忠诚、更有主动性与创造力的人才，是企业构建差异竞争战略优势的宝贵因素。然而，人才资源始终是稀缺资源，随着社会的发展，人才的竞争也会越来越激烈。人力资源管理的首要目标就是为组织获取符合其发展需要的数量和质量的劳动力与各种专业技术人员，这是开展其他工作的基础。很多企业在吸引人才方面都不惜重金，投入巨大。

（二）保持人力资源队伍的稳定性

保持人力资源队伍的稳定性是人力资源管理的又一个重要目标。近些年，企业的人才流失率节节攀升。人才的流失不但会影响企业的正常运转，还会增加企业开支，降低员工工作效率。保持人才队伍的稳定性的最主要的方法是提高他们的工资和福利，提供安全且舒适的工作环境和未来的发展空间。同时企业要加强对员工的关怀及企业与员工情感上的联系。

（三）提高组织效率或经营绩效，不断获取新的竞争优势

组织效率或经营绩效与员工有着直接的联系。加强人力资源管理的目标就是通过提升员工技能、规范员工行为以及鼓励创新等方式提高员工的绩效，从而提高组织效率或经营绩效。

（四）塑造良好的企业形象

企业形象是指人们通过企业的各种标识而建立起来的对企业的总体印象。企业形象是企业精神文化的一种外在表现形式，是社会公众在与企业接触交往的过程中所感受到的总体印象。这种印象是通过人体的感官获得的。

（五）培育和创造优秀的组织文化

组织文化由其价值观、信念、仪式、标识、行为准则等组成。企业员工受组织文化的影响，同时也能反作用于组织文化。例如，高层管理人员的综合素质、行为举止要与组织文化保持一致，这样才能使组织文化得以传播与发展；否则，组织文化会在高层管理人员的影响下慢慢发生变化，并演变成新的组织文化。只有全体员工认可组织文化本身的精髓，组织文化才能发展，否则组织文化可能会发生变化，要么员工改变了组织文化，要么组织文化导致人员流失、企业运营艰难甚至企业倒闭。因此，优秀的组织文化对员工产生的是积极向上的正面影响，而不良的组织文化对组织产生的是负面影响，有时甚至是致命的影响。

四、人力资源管理的原则

人力资源管理的最终目的是要做到人尽其才，才尽其用，人事相宜，最大限度地发挥人力资源的作用，以配合实现组织的总目标。如何实现科学合理的配置，是人力资源管理长期以来亟待解决的一个重要问题。对企业人力资源进行有效合理的配置，学者认为必须遵循以下原则：

（一）能级对应原则

合理的人力资源配置应使人力资源的整体功能加强，这就要求人的能力与岗位要求相对应。企业岗位有层次和种类之分，处于不同的能级水平。每个人也都具有不同水平的能力，在纵向上处于不同的能级位置。

（二）权变原则

人的发展受先天素质的影响，更受后天实践的制约。后天形成的能力不仅与本人的努力程度有关，也与实践的环境有关，人的感情、行为及素质也是多变的。因此，人的能力的发展是不平衡的，其个性也是多样化的。每个人都有自己的长处和短处，有其总体的能级水准,同时也有自己的专业特长及工作爱好。

(三)动态调整原则

动态调整原则是指当人员或岗位要求发生变化的时候,要适时地对人员配备进行调整,以保证始终使合适的人工作在合适的岗位上。岗位或岗位要求是在不断变化的,人也是在不断变化的,人对岗位的适应也有一个认识与实践的过程。由于种种原因,能级不对应,用非所长等情形时常发生。

(四)普选人才原则

现在企业的竞争,已不再局限于国内企业的竞争,而是在国际上与国际企业的竞争。就人力资源来说,当企业确实需要从外部招聘人才时,就不能"画地为牢"而局限于企业内部,而是在企业外部招聘人才。

(五)人力资源管理人员的胜任力

根据人力资源管理者在企业中所扮演的角色和起到的作用,一位合格的人力资源从业人员须拥有相应的素质、专业知识和其他领域的知识。

1.具备的素质

(1)培养人才

培养人才是人力资源管理人员所应具备的关键素质之一。它具体体现为,人力资源管理人员要成为"教练员",能够制定并宣讲人力资源管理的政策和制度,帮助各级主管承担激发下属潜能、培养人才和贯彻执行人力资源制度的责任。在面向员工的时候,人力资源管理人员能成为"咨询师",为员工答疑解惑。

(2)影响力

影响力主要体现在人力资源管理人员与员工建立彼此信任并达成共识的基础上,成为员工利益的"代言人";同时作为人力资源管理领域的专家,依托专业,影响与推动企业变革,发挥人力资源管理对企业运营实践的支持作用。

(3)人际理解力

如果人力资源管理人员无法敏感地倾听与理解员工的需求,无法基于企业与员工的需要提供人力资源的产品与服务,那么人力资源管理的价值就无法体现。

(4)客户服务素质

客户服务素质是建立在人际理解力基础上的,其具体表现在倾听并积极回答客户

（包括内部员工与外部客户）提出的问题与满足他们的需求，并对此提供一系列的人力资源产品与服务，从而使客户满意。

（5）团队合作

团队从一定意义上说也可以看成是一种培养与开发人才的有效方式。同时，为促进人力资源管理部门履行其对企业经营决策的支持以及员工价值管理的职责，团队合作提供了沟通、分享与支持的平台。

2.专业知识

（1）人力资源战略与企业文化

根据企业的发展规划，判断企业现有的人力资源状况，结合企业经营发展战略，对未来的人力资源需要和供给状况进行分析及评估，把人力资源战略与企业文化紧密地结合起来。

（2）组织结构设计

根据企业战略目标、资源状况、现有的核心流程以及同行企业的最佳实践模式，分析公司的组织结构，并在此基础上设计企业组织结构。

（3）流程分析与再造

流程是组织内部从供应商到客户的价值增长过程。流程的有效性与效率将直接影响到组织的有效性、效率与客户满意度。

（4）工作分析

工作分析是人力资源管理的一项传统的核心职能与基础性工作。一份好的职位说明书无疑是一幅精确的"企业地图"，指导人力资源管理工作。

（5）基于战略的绩效管理

绩效问题是任何公司都要面临的问题，人力资源管理者必须掌握绩效管理与绩效目标分解的工具和方法、绩效制度设计与基本操作、绩效目标设定与分解等相关知识。

（6）全面的薪酬战略体系

全面的薪酬战略体系主要考虑薪酬的不同要素该如何正确组合才能有效地发挥薪酬的作用。薪酬管理是有效支持公司战略和提升公司价值的方法与工具。

（7）能力管理

能力管理主要是建立素质模型，将素质模型应用到人力资源管理的不同领域，从而真正将人力资源管理回归到建构组织能力和人力资源开发利用上。

(8) 招聘

制定人才选择战略,进行准确的工作分析和胜任特征分析,有效地进行人力资源分析与规划,对应聘者的专业技能及综合能力进行评估,对招聘成本进行评估。

(9) 培训体系的建立与管理

培训是促成"以人为本"的企业文化的重要手段,制订有效的年度培训计划是人力资源管理人员面临的严峻挑战。

3.其他领域的知识

人力资源管理人员要参与企业的战略决策,要与总经理和其他业务部门沟通,仅仅具备人力资源方面的专业知识显然是远远不够的。人力资源管理人员还必须掌握其他领域的知识,这样才能符合新时期企业对一个合格的人力资源管理人员的要求,成为企业的战略合作伙伴和企业的人力资源管理领域的技术专家。其他领域的相关知识包括组织行为学、心理学、项目管理、经济学、统计学、市场营销学、财务管理学、生产管理学、战略学、相关法律法规等学科知识。

五、人力资源管理的模式

人力资源管理模式在人力资源管理活动中扮演着十分重要的角色。关于人力资源管理模式的理论,目前学界尚无一致的意见。国内外的专家学者从不同的角度提出了自己的观点,这些理论大多是结合本国的实际情况和特定环境提出的。

(一) 西方的人力资源管理模式

西方的人力资源管理模式主要有哈佛模式、盖斯特模式与斯托瑞模式三种,同时也有战略性人力资源管理模式、基于胜任力的人力资源管理模式等。

1.哈佛模式

1984年,哈佛商学院的迈克尔·比尔、伯特·斯佩克特、保罗·劳伦斯、奎茵·米尔斯和理查德·沃尔顿等五位学者在《管理人力资本》一书中,首次提出了"哈佛模式"。哈佛模式包含了管理情景、利益相关者、人力资源效果、长期影响等几种制约因素。该模式强调集合筛选、绩效评估、开发和激励等四项关键的人力资源管理要素;强调人力资源管理内部政策必须具有一致性,让人们认识到人力资源管理活动的性质和意义;并说明了人力资源管理各要素相互作用的原理。但是,该模式没有对不同主体的利益、情景因素以及管理的战略选择作出相关详细分析和说明。

2.盖斯特模式

盖斯特模式因英国学者盖斯特提出而得名。该模式强调传统的人事管理与现代的人力资源管理有很大的区别。盖斯特模式主要包含四个部分：人力资源管理政策、人力资源管理结果、组织结果以及系统整合。盖斯特模式与哈佛模式在一定程度上有所相似，即它们都注重人力资源管理与组织战略的结合，具有较浓的"一元化"色彩，都认为获得高绩效是员工对企业忠诚的保证；其共同的缺点就在于现实性比较差，许多假设是不现实的。

3.斯托瑞模式

斯托瑞模式所要表达的是理想的人力资源管理模式。该模式与盖斯特模式一样，也是通过对比人力资源管理与人事管理来说明的。斯托瑞模式由四个部分构成：信念和假设、战略方向、直线管理、关键杠杆。

4.战略性人力资源管理模式

美国学者罗纳德·舒勒于1992年在其著作《管理人力资源》中提出了战略性人力资源管理模式。该模式强调人力资源管理实践必须与企业战略相结合，以期获得竞争优势，重视人力资源管理实践对企业整体绩效的影响。该模式将人力资源管理的理念、政策、项目、实践和过程等，通过企业的各个层级有机地融合为一个整体，从而使人力资源管理实践活动与企业战略结合起来，所以这种模式又称"5P"模式。这种模式强调人力资源管理人员参与制订企业战略发展计划是该模式的最大特征。这种模式认为企业领导层在制定企业战略时，必须考虑企业的人力资源战略，否则就很难保证企业人力资源战略的最终有效性，从而也无法保证企业战略的有效实施。

5.基于胜任力的人力资源管理模式

基于胜任力的人力资源管理模式是由戴维·D.杜波依斯、威廉·J.罗思韦尔、德博拉·乔·金·斯特恩和琳达·K.肯普等人提出来的。该模式认为人力资源管理必须具备九个步骤：第一步，使组织战略目标和人力资源客户的需要得到确认；第二步，进行科学的环境扫描；第三步，清晰呈现与人力资源客户有利害关系的部门；第四步，使组织的战略目标与人力资源客户的需求保持一致；第五步，促使人力资源客户认可组织的项目目标；第六步，科学地布置下一步的工作；第七步，提出能够指导项目实施的项目管理方案；第八步，积极实施项目管理方案；第九步，进行总结性和过程性的评估。

（二）国内关于人力资源管理模式的研究

我国学者对人力资源管理模式的研究大体上可以归纳为以下三种模式：

1. 宏观层面的人力资源管理模式

对不同国家的人力资源管理模式的研究是宏观层面的人力资源管理模式的主要研究内容。基于不同价值观念的必然选择，所得出的结论也不相同，这是宏观层面的人力资源管理模式的最大特征。

2. 中观层面的人力资源管理模式

中观层面即企业层面。企业层面是我国学者研究人力资源管理模式最集中的地方。于衍平提出的科技人力资源管理与激励模式，即强调人力资源管理各种活动之间的相互关联性，他认为其主要由积极的激励过程和维护激励的环境两方面构成。林泽炎提出的中小企业人力资源管理的"3P"模式，即强调从岗位职责、工作绩效考核、工资分配等方面来规范中小企业人力资源管理。

3. 微观层面的人力资源管理模式

实际上，微观层面的人力资源管理模式是人力资源管理方法或者技巧。例如，陈晓波提出的内核外圈型人力资源管理模式，他认为应该将员工划分为内核员工和外圈员工，其划分的依据主要是人力资源的独特性、人力资源的成长性、人力资源和组织战略的相关性三个维度，并强调对不同的员工类型采取不同的管理方式。

六、人力资源管理的内容

以企业人力资源管理为例，企业人力资源管理主要包括企业人力资源规划、薪酬管理、人员招聘与配置、员工培训管理、绩效管理、劳动关系管理等，即企业运用现代化管理方法，对人力资源的获取（选人）、开发（育人）、利用（用人）和保持（留人）等方面所进行的计划、组织、指挥、控制和协调等一系列活动。人力资源管理可简单概括为"选、育、用、留"，最终实现企业和员工共同发展的目标的一种管理行为。

在选才方面，首先要制定企业的人力资源管理规划。然后，在人力资源管理规划的指导下，通过合适的方式和渠道来招聘与甄选员工，进行人力资源的供需平衡。将合适的人配置在适合的岗位上，同时将人才信息纳入人力资源管理信息系统。

在育才方面，建立学习型组织，健全终身培训的体制。通过员工培训管理，员工不断更新知识,积累不同的经验,帮助他们提高知识水平、增进技能,以便在今后的企业经营活动中能适应企业发展的需要。对企业今后发展所需要的中坚力量,企业要进行培训,使其成为人力资本。

在用才方面,当企业的人力资源管理工作进行到一定的阶段,就必须对多层次员工的工作绩效进行评估考核,纠正他们工作中的错误,肯定他们工作中的成绩,并就员工下一阶段的工作达成上下级的共识,以便员工制订下一阶段的工作计划。在企业与员工互相匹配发展的过程中,要不断地沟通,解决冲突,消除两者共同发展的障碍,形成互为动力的综合发展途径。

在留才方面,对于企业来说,员工不能留在企业里工作,将是企业的一大损失。对员工的及时激励至关重要,其中包括薪酬方面的激励、福利方面的激励和精神等其他方面的激励。对优秀员工,要加大激励的力度。企业与员工需要长期相互了解,才能达成默契,使员工心甘情愿地留在企业,为实现企业的目标而努力工作。

最后,根据人力资源系统的整体运作情况,企业修正或者重新制定自身的人力资源发展战略和人力资源计划,为下一阶段人力资源管理活动奠定基础。

第三节　人力资源管理的产生与发展

一、人力资源管理在西方国家的产生与发展

人力资源管理在西方国家的产生与发展过程,不同的学者划分出了不同的阶段。结合不同学者的划分方法,可以将人力资源管理在西方国家的产生与发展过程划分为六个阶段。

（一）萌芽阶段

人力资源管理的前身被称为人事管理,人事管理是伴随着18世纪后期的工业革命而产生的。工业革命有三大特征:机器设备的发展、人与机器的联系、需要雇用大量人

员的工厂的建立。这场革命导致出现了两个现象：一是劳动专业化的提高；二是工人生产能力的提高，工厂生产的产品数量剧增。劳动分工已成为工业革命强有力的共同呼声。由于劳动分工思想的提出，个体劳动在工厂中消失，工人的协同劳动成为主体，因此对工人的管理问题逐渐凸显。这一阶段，在工人的管理方面产生了各种管理思想，如在劳动分工的基础上对每个工人的工作职责进行界定，实行具有激励性的工资制度；推行员工福利制度，对工人的工作业绩进行考核等。这些管理思想基本上以经验为主，并没有形成科学的理论，但是这些管理思想奠定了人力资源管理的雏形。

（二）初步建立阶段

初步建立阶段，即科学管理时期，时间大致从 20 世纪初至 20 世纪 30 年代。

科学管理思想的出现宣告了管理时代的到来，管理从经验阶段步入科学阶段，这在管理思想发展史上有着划时代的意义。在泰勒提出科学管理思想后，企业中开始出现人事部门，该部门负责企业员工的雇佣、挑选和安置工作，这标志着人力资源管理的初步建立。

（三）反省阶段

反省阶段，即人际关系时期，时间大致从 20 世纪 30 年代到第二次世界大战结束。

从 1924 年开始到 1932 年结束的霍桑试验引发了人们对科学管理思想的反思，将员工视为"经济人"的假设受到了现实的挑战。霍桑试验发现了人际关系在提高劳动生产率中的重要性，揭示了人性的尊重、人的需要的满足、人与人的相互作用以及归属意识等对工作绩效的影响。人际关系理论开创了管理中重视人的因素的时代，这是西方管理思想发展史上的一个里程碑，同时也开创了人力资源管理发展的新阶段。设置专门的培训主管、强调对员工的关心和理解以及增强员工和管理者之间的沟通等人事管理的新方法被很多企业采用。人事管理人员负责设计和实施这些方案，人事管理的职能得到了极大的丰富。

（四）发展阶段

发展阶段，即行为科学时期，从 20 世纪 50 年代到 20 世纪 70 年代。

从 20 世纪 50 年代开始，人际关系的人事管理方法也逐渐受到挑战。"愉快的工人是生产率高的工人"的假说并没有得到事实的证明，组织行为学的方法逐渐兴起。组织行为学是"一个研究领域，它探讨个体、群体以及结构对组织内部行为的影响，目的是应用这些知识改善组织绩效",它的发展使人事管理对个体的研究与管理扩展到了对群体和组织的整体研究及管理,人力资源管理也从监督制裁到人性激发、从消极惩罚到积极激励、从专制领导到民主领导、从唯我独尊到意见沟通、从权力控制到感情投资,并努力寻求人与工作的结合。"人力资源管理"逐渐成为一个流行的名词。

(五)整合阶段

整合阶段,即权变管理时期,从 20 世纪 70 年代到 20 世纪 80 年代。

在这一阶段,企业的经营环境发生了巨大的变化,各种不确定性因素增加,企业管理不仅要考虑自身的因素,还要考虑外部各种因素的影响。在这种背景下,权变管理理论应运而生,它强调管理的方法和技术要随企业内外环境的变化而变化,应当综合运用各种管理理论而不只是某一种。在这种理论的影响下,人力资源管理也发生了深刻的变化,同样强调针对不同的情况采取不同的管理方式、实施不同的管理措施。

(六)战略阶段

战略阶段,即战略管理时代,从 20 世纪 80 年代至今。

进入 20 世纪 80 年代以后,西方经济发展过程中一个突出的现象就是企业兼并,为了适应兼并发展的需要,企业必须制定出明确的发展战略,因而战略管理逐渐成为企业管理的重点,而人力资源管理对企业战略的实现有着重要的支撑作用。所以从战略的角度思考人力资源管理的问题,将其纳入企业战略的范畴已成为人力资源管理的主要特点和发展趋势。

二、人力资源管理在我国的产生与发展

(一)我国古代人事管理的思想

我国历史悠久,有着丰富的人事管理的思想。我国古代政治家、思想家对人才的重要性、如何选拔人才、如何用好人才等都有过精辟的论述。例如,有关人才的重要性,有唐太宗的名言"为政之要,惟在得人";选拔人才有汉朝的王符的"德不称其任,其祸必酷;能不称其位,其殃必大",他强调官员的品行和能力必须与其职位相符,否则会带来严重的后果;如何用好人才,有诸葛亮指出的"古之善将者,养人如养己子,有难,则以身先之;有功,则以身后之。伤者,泣而抚之;死者,哀而葬之;饥者,舍食

而食之；寒者，解衣而衣之；智者，礼而禄之；勇者，赏而劝之。将能如此，所向必捷矣"。

（二）我国近代人事管理的概况

鸦片战争后，我国开始沦为半殖民地半封建社会，这时的人事管理具有两个基本特点：一是带有浓厚的封建色彩，当时的企业大多是家族性质的小型私人企业，实行包工制度，将工作包给包工头，然后由包工头招收工人，组织生产，进行监督，发放工资；二是学习引进西方资本主义国家的科学管理方法，一些规模较大的企业引进了泰勒科学管理的方法，对人员进行比较规范的管理。

（三）中华人民共和国成立以来人力资源管理的发展

中华人民共和国成立以来，我国人力资源管理的发展可分为两大阶段：改革开放前和改革开放后。随着1953年社会主义改造的基本完成，我国建立起了社会主义制度，同时也确定了计划经济体制。计划经济体制下的企业是国家所有，企业员工是企业的主人。为与经济体制相适，我国实行了"统包统配"的就业制度，企业没有用人的自主权，不能自行招聘所需的人员；人员只进不出，没有形成正常的退出机制；同时在企业内部，对工人的工作没有考核，工资分配中存在着严重的平均主义，与工作业绩和工作岗位没有关系，人事管理还停留在简单的档案管理和资料统计阶段，与现代的人力资源管理相差甚远。

1978年，党的十一届三中全会以来，随着我国经济体制改革的不断深入，国有企业的劳动人事工作也在不断进步。1979年，国务院颁布了《关于扩大国营工业企业经营管理自主权的若干规定》（以下简称《规定》）。《规定》重新规定了企业人事管理的职责权限范围。《规定》指出：允许企业根据生产需要与精简高效的原则决定自己的机构设置和人员配备；有权根据国家下达的劳动指标招工，进行岗前培训；有权对成绩优异、贡献突出的员工给予奖励；有权对严重违反劳动纪律的员工给予开除处分。

1988年9月，"国际劳工组织亚洲人力资源开发网、中国人力资源开发研究中心成立暨首届学术研究会"在贵阳召开，这标志着我国人力资源管理理论研究的开始。此后，"人力资源开发"丛书编委会、光明日报社等单位又举办了人力资源开发理论研讨会，在研讨会上学者对人力资源管理的基本概念、基本思想进行了探讨，人力资源管理在我国开始传播。1992年，中国人民大学劳动人事学院将下属的人事管理教研室改名为人力资源管理教研室，将人事管理专业调整为人力资源管理专业，并且在1993年招收了首届人力资源管理的本科生,这在我国人力资源管理发展过程中具有里程碑的意义,这标志着我国人力资源管理的发展进入了专业化的阶段。1995年以后,随着MBA(工商管理硕士)教育的推广,人力资源管理在社会上逐渐得到普及。目前,全国已有400多所高校开设了人力资源管理专业,人力资源管理的培养也从本科扩大到硕士研究生与博士研究生。所有这些,都为人力资源管理在我国的发展进行了理论和人才准备。

目前,人力资源管理在我国可以说是机遇与挑战并存,这需要人力资源管理的理论工作者和实际工作者共同努力,积极探讨,以不断提高我国人力资源管理的理论和实践水平。

三、目前我国企业人力资源管理队伍现状

目前,我国企业人力资源管理队伍建设存在问题的较多,如部分人力资源管理者素质较低,不能满足企业发展的要求,尤其是一些大型企业人力资源管理者队伍素质与企业经营规模不适应,这在一定程度上制约了企业的发展。这种状况可以分为两个方面:

(一)人力资源管理者的流失

企业没有把人力资源管理队伍建设放在重要位置,而是把人力资源管理者作为一般管理人员对待。大部分企业缺乏针对人力资源管理者的有效管理和激励机制,人力资源管理者流失的问题已成为各类企业中存在的普遍性问题。由于企业的人力资源管理者普遍具有强烈的自我发展需求,如果企业不能通过有效手段满足他们的这一需求,就容易造成中层管理人员的流失。人力资源管理者的流失会对企业战略执行的一贯性造成影响。

(二)人力资源管理者素质不能满足企业需要

企业的人力资源管理者缺乏有效的执行能力,在企业战略执行过程中出现决策方案标准渐渐降低,与原标准发生偏离,或者不能在有效时间内完成必要的任务,或者造成企业制定的一些政策在执行过程中力度越来越小,许多工作做得虎头蛇尾、没有成效等方面问题。造成这一状况的主要原因是企业人力资源管理者素质低下。目前,国内大多数企业人力资源管理者的素质存在的问题分为下几种:

(1)缺乏劳动政策和人力资源管理的专业知识。这类人力资源管理人员大多在新成立的小型企业中。由于部分企业管理者单纯重视技术、产品与市场的重要性,而对人

力资源管理工作的重要性认识不够，选用人力资源管理者随意性很强，这些企业的人力资源管理者基本上是身兼多职，没有任何人力资源管理专业知识与经验，不能满足人力资源管理工作要求。

（2）有一定基础知识，但缺乏实际经验。这类人力资源管理者基本上是人力资源管理或相关专业毕业的学生，他们有系统的专业知识、有十分活跃的头脑、敢想敢干，可塑性十分强。这些人员分布在各种类型的企业中，特别是外资企业和高新技术企业中聘用较多。但是，人力资源管理是一个知识与经验并重的工作。一个优秀的人力资源管理者不仅要懂得专业知识，熟悉劳动法律、法规与相关的政策，还要有大量的实践经验，这些都需要长时间的刻苦钻研和积累才能掌握，而这种类型的人力资源管理者往往没有实践经验，对工作中遇到的很多具体问题缺乏处理能力。

（3）有些人力资源管理者管理方式老化、观念陈旧。这类人力资源管理者在企业人事部门工作多年，头脑中传统观念根深蒂固。他们有一定实际经验，但缺乏市场意识与现代企业管理知识，面对当前人力资源市场如此之大的流动性和劳动关系的复杂性，知识储备不足，处理新问题的相关经验不足，适应性差，处事被动。另外，对外语、计算机、网络等方面的知识掌握也是弱项，不能满足工作需要。

第二章　基于创新理念下的员工招募与筛选

第一节　招聘概述

一、招聘的基本概念

（一）招聘的定义

在人类出现雇佣关系的同时，招聘活动就出现了。招聘的定义随着招聘活动的科学化和丰富化而不断得到充实和提炼。招聘是企业获得合格人才的渠道，是根据组织人力资源规划和工作分析的数量与质量要求，通过信息的发布和科学甄选，获得本企业所需的合格人才，并安排他们到企业所需岗位工作的过程。

因此，招聘的定义主要包括以下几点：首先，招聘是人力资源管理的基础，它将关系到组织的生存和发展，企业要想在竞争中胜出，必须重视挑选成员的方式，因为这将影响组织的生存能力、适应能力和发展能力；其次，招聘是一个过程，这一过程包括吸引应聘者，对应聘者进行筛选、录用等环节；最后，人力资源管理人员应根据职位需求、应聘者的素质条件、企业的人力资源等，进行人员的选拔、招聘工作。

（二）招聘的目的

招聘的目的是为企业寻找合适的员工。在恰当的时候以最小的代价招聘组织最需要的、合适的员工，并将其安排在适合的岗位上发挥作用，这是任何组织招聘员工的根本目的。招聘主要满足以下三个方面的需要：

（1）满足现实需要。为职务寻找符合资格要求的申请人。

（2）满足未来需要。寻找为企业未来发展而需要的人才，超前性地选择潜在的任职者，建立企业与潜在求职者之间的联系，建立人才库，实施人才开发计划。例如，美国花旗银行认为，只要是真正的人才，就是聘用人数超过实际需要的1倍也可以。

（3）满足效率的需要。企业要以最低成本招聘到高质量的人才，招聘不同层次人员的工资比例应低于他们的贡献比例。例如，同一岗位有本科生和专科生两个合格的备选人，可据以往资料估算本科生工资与专科生工资之比、本科生业绩与专科生业绩之比两项指标，如果本科生工资与专科生工资之比小于本科生业绩与专科生业绩之比，则招聘本科生，以尽可能低的成本获取尽可能高的回报。

（三）招聘的意义

各个组织所面临的外部环境、内部环境和人力资源自身因素的变化会引起各种各样的人员招聘需求。例如，空缺岗位需要人员补充；组织因业务扩张扩大对人员需求，为确保新业务的正常运营补充新员工；组织人员流动需要招聘；预先安排组织人力资源规划的需要，为调整不合理的员工队伍需要招聘。

为满足企业各种招聘需求，人力资源管理人员必须做好员工招聘工作。招聘工作的有效实施不仅对人力资源管理本身，而且对整个企业都具有非常重要的意义。它可以确保被录用人员的质量，提高企业的核心竞争力；降低招聘成本，提高企业的工作效率；为企业注入新的活力，增强企业创新力；扩大企业知名度，树立企业的良好形象；降低离职率，增强企业内部的凝聚力；有利于人力资源的合理流动，激发人力资源潜能。有效的人力资源招聘能给企业带来无穷活力。

二、招聘的程序

（一）招募

招募是招聘工作的第一阶段，是组织为了吸引更多、更好的人才来应聘而进行的若干活动。人员招募的主要程序大致可以分为以下几个步骤：

1. 明确招募需求

招募需求的产生可能源于以下三种情况：

（1）一名员工离职或者调动到其他部门，产生职位的空缺。

（2）根据年度招聘计划和预算招聘人员。

（3）由于业务量的变化，现有的人员无法满足工作需要。

通常企业制订好的招聘计划是可以直接执行的，但当用人部门发现人手紧张时，人力资源管理部门需要判断是否必须通过招人来解决；即使是招人，是否一定要招聘正式员工，避免不必要的招聘。有的时候职位空缺或人手不够，企业可以通过以下途径来解决：

（1）将其他部门的人员调配过来。一个部门人不够，其他部门可能有富余人员，这些人员就可以填补职位空缺。

（2）现有人员加班。有些任务是阶段性、季节性的，如果招聘了正式员工进来，短暂的繁忙期过去后就会出现冗员。如果现有人员通过适当加班就可以解决问题，那么就不需要招聘新人。

（3）工作重新设计。有时人手不足可能是由于工作流程不合理或者工作分配不合理，如果企业能够对工作进行重新设计，人手不足的问题就可能迎刃而解。

（4）将某些工作外包。有些非核心工作完全可以外包给其他机构来完成。这样，就可以免去招聘新人的麻烦，而且也减轻了企业管理的负担。

2.准备工作职责和任职资格描述

在准备招聘一个新人之前，招聘者必须清楚地知道空缺职位的工作职责和对任职者的资格要求。因为，只有这样，招聘者才有充分的依据对应聘者进行评判。一般来说，这部分工作由用人部门的直接主管完成，人力资源部门的招聘负责人和用人部门的上级主管在这个过程中给予其指导和帮助。企业应该对描述职位的工作内容和相关文件有统一的规定。

3.组建招募团队

由招募团队来进行招募工作是保证有效招募的前提。一般情况下，招募工作是由组织的人力资源部门和具体的用人部门共同协作完成的，而具体参与招募的人选因职位的不同有很大的差异。一般来说，用人部门主要从专业角度出发，多方面、深层次地审查申请者的资格，而人力资源部门更多的是辅助和建议。另外，直接参与招募的人员应当经过良好的培训，因为他们的言谈举止代表了组织的形象。

4.选择招聘方法

在确定招聘渠道后，招聘者就应有针对性地选择最合适的招聘方法。招聘的人员不同，采用的招聘方法也就不同；招聘方法不同，招聘成本也就不同。组织要以最低的成本在有限的时间内招聘到所需的人员，因此要根据招聘的人员类型、招聘渠道，科学地选择招聘方法。

（二）甄选

甄选则是组织从"人与事"两个方面出发，从招募得来的人员中，挑选出最合适的人来担当某一职位，具体工作包括以下几个方面：

（1）审查求职申请表，进行初步筛选。

（2）确定测试内容、测试人员、测试方式、测试程序、被测试人员名单。例如，招聘文员时，招聘者让应聘者填写应聘表（5分钟）、电脑操作测试（8分钟）、笔试（30分钟）、面谈（20~40分钟）等。

（3）安排笔试、面试。招聘者发出测试通知（时间、地点、联系人、所需材料），确定接待人员、主试人员（一般由人事经理与用人主管担任），准备笔试试题和面试问题。根据应聘者提供的材料，对其个人情况、背景、经历、离职原因、爱好、特长、工资待遇期望值、个人发展目标等列出需要进一步了解的问题。

（4）组织测验、测评。

（5）对拟录用的候选人进行体检和背景调查。

（三）录用

录用是企业对甄选出的人员进行初始安置、适应性培训、试用，最后决定是否正式录用的过程。

（四）评估

评估是招聘过程中不可缺少的重要阶段，包括招聘效果评估、录用人员质量评估、对招聘人员工作的评估和招聘活动总结。

第二节　人员甄选

一、人员甄选的概述

人员甄选是指通过运用一定的工具和手段对招募到的求职者进行鉴别和考察，以区分他们的人格特点与知识技能水平，预测他们的未来工作绩效，从而最终挑选出组织所需要的、最为恰当的职位空缺填补者的过程。

（一）进行人员甄选的原因

1.降低员工招聘的风险

在员工甄选过程中所用到的各种人员测评方法可以让企业了解个人的能力、性格特点、工作风格等与工作相关的各方面素质，得出一些信息，从而分析出该员工是否胜任该工作。人员甄选可以帮助企业找到适合岗位要求的人，降低企业因招用不合格人员所带来的风险。

2.有利于人员的安置和管理

人员测评可以让企业对员工各方面的素质有一个大致的了解，得知员工个人能力在各方面指标上的高低。这样，企业在安置员工时可以扬长避短，做到人岗匹配。另外，主管人员在了解录用员工的情况之后，应尽可能地结合员工的特点进行个性化管理。

（二）人员甄选中应当注意的问题

1.选最合适的

很多企业在选拔人才的时候希望选到最优秀的人才，这其实是一个误区。人员甄选最重要的是合适。对于非常优秀的人才来说，一些岗位没有挑战性和吸引力，那么即使把他们招进来，他们的工作积极性和工作稳定度都不会太高。一些小企业会引进高端人才，但却没有足够的能力留住人才，这反而造成了资本和人才的浪费。

2.要将应聘者与评价标准进行比较

人员选拔要有一定的客观标准，企业应当将应聘者的个人能力与工作要求的各项指标进行比较。事实上一些招聘者会在应聘者之间进行比较，然后挑出候选人中最好的那个。但是，候选人中最好的并不一定是最适合岗位要求的。

3.尽量不要降低标准来录用人员

当所有的候选人都不能满足招聘标准时，招聘者往往不得不重新思考招聘的标准，如标准制定是否过高等。在考虑降低录用标准时一定要谨慎，否则会造成标准的混乱，对其他员工也不公平。

二、人员甄选的工具与方法

（一）面试

面试是指在特定时间、特定地点进行的，有着预先精心设计好的、有明确目的和程序的谈话。这是通过面试者与被面试者双方面对面地观察、交谈等双向沟通的方式，了解被测试者的性格特征、个人能力以及求职动机等方面情况的一种人员甄选与测评技术。

面试的广泛使用也使得面试的方法与技巧变得尤为重要，公司在招聘新员工时必须恰当地用面试来选拔人才。

（二）笔试

笔试是让求职者在试卷上答题，然后由主考人根据求职者的答卷评定其成绩的一种测试方法。

通过笔试，招聘者通常可以测量求职者的基本知识、专业知识、管理知识、相关知识以及综合分析能力、文字表达能力等素质能力。

笔试的长处在于笔试的题型和题量可以涵盖比较广的知识面，对知识、技能和能力的考查信度和效度较强；可以大规模地进行评价，因此花费时间少、效率高，比较经济；被测试者的心理压力相对较小，容易发挥正常水平；成绩评定比较客观，可以保存被测试者回答问题的真实材料。

笔试的局限性在于企业管理者不能直接和求职者见面，管理者不能直观全面地考察求职者的工作态度、品行修养以及组织管理能力、口头表达能力和操作技能等，而且不能排除作弊和偶然性因素。因此，使用笔试招聘时需要采用其他的测试方法进行补充。

三、人才测评的主要内容

（一）能力因素

国内有学者主张把能力按其来源不同，划分为科学智能和社会智能，前者来自人与自然交往过程中的直接经验或者人通过书本学习得到的间接经验；后者则是来自社会实践，通过人与人之间的交往、联系、竞争与合作来获得。

（二）动力因素

在动力因素中，价值观是层次最高、影响面最广的因素。所谓价值观，就是人们关于目标或信仰的观念，它使人们的行为带有个人的一致的方向性。除了价值观以外，动机也是动力因素的重要成分。所谓动机，是指推动一个人行为的内在原因。动机的强烈与否往往决定行为过程的效率和结果。在动力因素中，兴趣是层次最低的因素。兴趣是指个体对某种活动或某种职业的喜好。当人的兴趣与行为一致时，可以使其行为更加有效。

（三）知识和技能

知识是指以概念及其关系的方式存储和积累下来的经验系统，这里主要指与岗位工作相对应的知识。岗位工作知识是从事工作最基本的素质之一，因此也被看成是岗位的最基本的素质要求。为此，许多组织对各类岗位制定了一定的知识指标，并进行相应的测验，以考查员工对知识的掌握情况。技能是指以活动的方式固定下来的经验系统，这里是指岗位工作所要求的具体操作活动，如汽车驾驶、打字、电脑操作等。生产线上的工作一般要求员工具备良好的动手操作技能，眼、手、脚、躯体之间的相互协调等。

第三节　招聘面试

一、面试的种类

（一）非结构化面试

面试官可以向应聘人员提出随机想起的问题。面试不遵循特别形式，谈话可以向多个方向展开。作为面试官，可以在一定的工作规范指导下，向每位应聘者提出不同的问题。

（二）结构化面试

结构化面试又称标准化面试，是指面试前就面试所涉及的内容、试题的评分标准、评分方法、分数使用等一系列问题进行系统的、结构化设计的面试方式。面试过程中，面试官不能随意变动试题，必须根据事先拟订好的面试提纲，逐项对应聘者进行提问，应聘者也必须针对问题进行回答，面试各个要素的评判也必须按分值结构合成。面试的结构严密，层次性强，评分模式固定，面试的程序、内容以及评分方式等标准化程度都比较高。

（三）行为面试

行为面试是基于行为的连贯性原理发展起来的。面试官通过应聘者对自己行为的描述来了解两方面的信息：一是根据应聘者过去的工作经历，判断他选择本组织发展的原因，预测他未来在本组织中发展的行为模式；二是了解他对特定事件所采取的行为模式，并将其行为模式与空缺职位所期望的行为模式进行比较分析。面试过程中，面试官往往要求应聘者对其某一行为过程进行描述。例如，面试官会提问"你能否谈谈你过去的工作经历与离职的原因""请你谈谈你向原公司经理提出辞职的经过"等。

二、面试的注意事项

（一）注意面试官的选择

（1）面试官必须具备良好的个人品格和修养，为人正直、公正，具备相关的专业知识和丰富的工作经验，能借助工作经验的直觉判断来正确把握求职者的特征。因为，在面试评价中，定性评价往往多于定量评价。面试官了解组织状况和职位要求，这样才能为组织选出真正需要的人才。

（2）面对各类应聘者，面试官必须能熟练运用各种面试技巧，控制面试的进程；能客观、公正地评价应聘者，不受应聘者的外表、性格或背景等主观因素的影响。

（3）面试官要掌握相关的员工测评技术，能对岗位与能力的匹配度作出判断与估计，也能对应聘者的素质、潜能、经验及各种能力作出较为正确的判断。

（二）提问的方式

（1）封闭式。封闭式提问是指应聘者只需要回答"是"或"不是"。一般封闭式提问表示招聘人员对应聘者回答的关注，或者想让应聘者结束对某一话题的谈论。

（2）开放式。开放式提问可以让应聘者自由发表意见或看法，以获取信息。一般在面试刚开始的时候运用，可以缓解紧张气氛，让应聘者充分发挥自己的水平。

（3）引导式。引导式提问的目的在于引导应聘者回答面试官希望听到的答案。例如，"你对目前的市场形势如何看待？"这种提问方式一般最好不要使用，除非面试官自己已经有了相应的答案。

（4）假设式。假设式提问，如"如果你处于这种状况，你会怎样安排呢？"这种问法，若使用得当，可以让面试官了解应聘者的想法和能力。

（5）重复式。重复式提问是对应聘者回答的重复，可以让应聘者知道对方已经接收到他的信息，从而达到检验应聘者获得信息准确性的目的。

（三）倾听的技巧

在整个面试过程中，70%的时间都是应聘者在陈述，面试官要做一个好的听众，在倾听的过程中，面试官积极的肢体语言无疑可以帮助应聘者放松心情。例如，对应聘者积极的回应、眼神的沟通等，都是鼓励应聘者继续说下去的好方式，这些方式可以让其更好地表达自己，从而使面试官收集到更加全面的信息。

第四节　招聘评估

一、评价招聘工作的标准

评价招聘活动是否成功，应看其是否符合以下五个标准：

（一）有效性

测试应围绕岗位要求拟定测验项目，测试内容必须正确、合理，必须与工作性质相吻合。这要求负责招聘的人员必须真正了解空缺职位的要求。例如，如果要挑选市场调查研究员，则招聘时所要测试的内容必须与行销、调查、统计和经济分析的知识有关，否则测试便无意义。

（二）可靠性

可靠性是指评判结果能客观反映应聘者的实际情况，测试成绩能表示应聘者在受试科目方面的才能、学识。能否达成这一效果主要取决于选拔方法的效度。例如，应聘者在行销学方面的测试成绩为90分，就应该表示他在这方面的造诣有90分的水准。

（三）客观性

客观性是指招聘者对应聘者进行客观的评价，不受主观因素的影响，一方面如个人的偏见、偏好、价值观、个性、思想、感情等因素的影响；另一方面，招聘者不会因应聘者的身份、社会地位、种族、性别、籍贯和容貌等不同而有评价的高低之分。招聘要达到客观性，就必须在评分时摒弃以上两种主观的因素，这样才能实现公平。

（四）广博性

广博性是指测试的内容必须能广泛测出应聘者所要担任的工作所需的每一种能力，并且每一项测试科目的试题应该是广泛的，而不是狭窄的。因此，招聘者应注意测评内容是否具有完整性，能否全面反映招聘岗位所需的各项要求。

（五）经济性

经济性主要是考虑应聘者期望薪资成本是否在预算之内，与收益是否相差过大，要考虑企业招聘成本的承受能力。

当招聘活动符合上述有效性、可靠性、客观性、广博性和经济性五个标准时，招聘到的人选必然是符合企业要求的人选。

二、招聘成本评估

招聘成本评估是指对招聘过程中的费用进行调查、核实，并对照预算进行评价的过程。

招聘工作结束后，负责招聘的人员要对招聘工作进行核算。招聘核算是对招聘的经费使用情况进行度量、审计、计算、记录等的总称。通过成本评估，企业可以了解招聘过程中经费的使用情况，以及是否符合预算、差异主要出现在哪个环节等情况。

招聘成本包括在招募和录取过程中，选拔、录用和安置的成本。其主要包括招募人员的直接劳务费用、直接业务费用（如招聘洽谈会议费、差旅费、代理费、广告费、宣传资料费、办公费、水电费等）、间接费用（如行政管理费、临时场地及设备使用费等）。

选拔成本由对应聘人员进行鉴别选择、已经作出决定录用或不录用这些人员时所支付的费用构成。一般情况下，选拔成本主要包括以下几个方面：①初次口头面谈，进行人员初选；②填写申请表，并汇总候选人员资料；③进行各种书面或口头测试，评定成绩；④进行各种调查和比较分析，提出评论意见；⑤根据候选人员资料、考核成绩、调查分析、评论意见，召开负责人会议，讨论决策录用方案；⑥最后的口头面谈，与候选人讨论录用后的职位、待遇等条件；⑦获取有关证明资料，通知候选人体检；⑧体检，在体检后通知候选人录取与否。以上每一个步骤所产生的选拔费用不同，其成本的计算方法也不同。

录用成本是指经过招募选拔后，把合适的人员录用到某一企事业单位中所产生的费用。录用成本包括录取手续费、调动补偿费、搬迁费和旅途补助费等由录用引起的相关费用。

安置成本是为了安置录用员工到具体的工作岗位所产生的费用。安置成本一般由各种行政管理费用、为新员工提供工作所需要的装备条件以及录用部门因安置人员所损失的时间成本而产生的费用构成。

三、录用人员评估

录用人员评估是指根据招聘计划对录用人员的质量和数量进行评价的过程。

（1）评估招聘数量的一个明显方法就是看职位空缺是否得到满足，录用率是否真正符合招聘计划的设计。

（2）评估招聘质量是按照企业的长短期经营指标来分别确定的。在短期计划中，企业可根据求职人员的数量和实际录用人数的比例来评估招聘质量。在长期计划中，企业可以根据接收录用的求职者的转换率来评估招聘的质量。

录用人员的质量可用以下几个数据来表示：

录用比：录用比=录用人数/应聘人数×100%

招聘完成比：招聘完成比=录用人数/计划招聘人数×100%

应聘比：应聘比=应聘人数/计划招聘人数×100%

如果录用比小，相对来说，录用者的素质就越高；反之，则可能录用者的素质较低。

如果招聘完成比等于或大于100%，则说明企业在数量上全面或超额完成招聘计划。

如果应聘比较大，说明发布招聘信息效果较好，同时说明录用人员的素质较好。

除了运用录用比和应聘比这两个数据来反映录用人员的质量，企业也可以根据招聘的要求或工作分析的要求对录用人员进行等级排列来确定其质量。

第五节 人员招募创新模式——"互联网+"招聘

一、"互联网+"颠覆与重构传统招聘格局

（一）互联网招聘网站的类型

互联网的发展，为招聘行业注入了新鲜血液，互联网招聘已经成为招聘行业重要的招聘方式，并且也受到了人力资源管理者的广泛欢迎，因此在招聘行业涌现出各式各样的招聘网站。招聘网站为了能够在互联网招聘中开辟自己的一片天地，想方设法通过提供优质的服务来吸引和留住客户。

根据各大招聘网站的特点，可以将招聘网站分为四种类型。

（1）传统招聘网站。传统招聘网站为目标客户提供招聘信息线上展示服务，由于招聘的岗位比较全面，因此吸引了众多的求职者注册，并依靠这些众多的求职者建立了一个庞大的人才资源库，为客户提供更丰富的人力资源。代表网站：智联招聘、前程无忧。

（2）垂直招聘网站。这类招聘平台主要面向的是某一个行业，对企业的注册入驻有比较严格的审核标准，而且求职者的质量相对比较高，求职者大多在该行业有比较丰富的工作经验并且也有强烈的求职意向，招聘的成功率较高。代表网站：拉勾网和内推网。

（3）社交招聘网站。这一类招聘网站与网站上的论坛有相似的地方，主要是用于信息发布以及企业与求职者之间的交流互动。注册的求职者可以与有意向的企业通过评论以及互动的方式更好地了解对方，从而作出双向选择。代表网站：领英和大街网。

（4）猎头招聘网站。企业依靠猎头的力量来获取人才。企业在网站上发布岗位后，会通过悬赏的方式来吸引猎头的关注，猎头会根据自己掌握的人才资源向企业推荐人才。代表网站：猎聘网、维猎网和猎中猎。

随着招聘逐渐向精细化趋势演进，人力资源管理在服务类型上有了更多的选择。但是，最为关键的还是人力资源管理者对招聘渠道的选择。如果人力资源管理者选错了招聘渠道不仅不会为公司找到合适的人才，而且还会浪费时间和金钱，提高人才招聘的成本。

(二) 人力资源管理者选择互联网招聘渠道的注意事项

人力资源管理者在选择招聘网站时应该注意以下四个方面：

1.了解企业要招什么样的人

人力资源管理者首先应该了解企业需要什么样的人才或者企业内部所需岗位的要求，每一个招聘网站面对的真实用户群都是不一样的，只有了解企业的需求才能作出更准确的选择。例如，垂直招聘网站针对的都是特定行业的求职者，并且这些求职者也是该行业所需要的人才；猎头招聘网站面向的都是中高端人才，对求职者的能力要求也比较高，可以为企业提供更加精准以及高度定制化的招聘服务，因此这一种类型的网站不适合招聘基层岗位人员的企业；社交招聘网站与其他招聘网站相比，有更加宽松自由的招聘环境，而且招聘成本比较低，用户也相对更加集中，企业可以在上面发布企业动态以及招聘信息，将其作为一个人才储备的渠道。

2.根据不同的招聘需求选择不同的招聘网站

传统的招聘网站主要是靠广告的方式为企业发布招聘信息，提高招聘信息的曝光率。流量越多就意味着人才资源越丰富。在发布了招聘信息之后可以收到分布范围广，并且数量庞大的求职简历，这对于招聘基层员工的企业来说是一个不错的选择。

但是随着"海投"等现象的出现，不仅应聘者简历的质量受到了影响，而且应聘者的质量也出现了参差不齐的现象。因此，人力资源管理者在筛选简历的时候应该更加谨慎。

其他招聘网站在为其他大型企业提供招聘服务的时候始终遵循"以结果为导向"的服务理念，通过提高企业招聘的成功率来赢得客户的信任，增加客户对招聘网站的忠诚度。该类服务模式致力于为企业提供又快又准的人才招聘服务。

垂直和社交招聘网站根据不同的人才类型构建人才库，企业可以按照所需的人才标准在人才库中寻找合适的人才，从而提高人才招聘的成功率，缩短招聘周期；而猎头网站主要是利用猎头手上掌握的人才资源，为不同的企业推荐合适的人才。

3.根据不同层级的人才需求选择招聘网站

如果需要的工作岗位对招聘对象限制不多，或者是主要面向年轻群体，那么人力资源管理者就可以选择拥有庞大的人才库，并且人才多元化的传统招聘网站。

但是如果是专业性比较高的职位或者行业，这类工作的人群相对比较稳定而且对岗位的黏性也比较大，因此人力资源管理者可以选择内部推荐或者在社交网络上找到自己需要的人才。

企业所需的中高层管理者，通常可以通过猎头网站悬赏招聘的方式来获取，猎头手上往往会有比较丰富的中高端人才资源，可以根据企业的需求精准推荐。

4. 合理使用预算

传统招聘网站一般会通过套餐形式或季度收费的形式收取费用。例如，招聘信息置顶、招聘信息的位置、简历下载量以及简历质量等都会影响收费。对于有中长期招聘需求的企业来说，可以选择性价比较高的套餐式收费模式。

也有一些招聘网站，如维猎网和拉勾网等，是按照结果收费。企业可以在平台上免费发布岗位信息，对于一些拥有工作经验的中层管理者以及技术人员的招聘来说，这种以结果为导向的服务理念能够有效提升招聘的速度以及准确度。

很多人认为传统招聘网站已经不适应时代和企业发展的需要，这种观点是不正确的。不管是传统的还是新型的招聘网站，都有其各自的优缺点，不能一概而论。对于人力资源管理者来说，根据企业的人才需求以及各个招聘网站的特点选择合适的人才招聘渠道才是他们应该关注的重点。

（三）传统招聘网站存在的问题

通过总结传统招聘网站的实践经验，可知其存在以下四个问题：

（1）信息海量化、无效化。由于在网上投放简历的成本很低甚至零成本，大量求职者在网上任意投递自己的简历。企业虽然获得了大量的求职信息，但由于求职者的盲目性，大多数简历是无效的。

（2）信息不对称、不可信。求职者为了在网上赢得更多的求职机会以及更好的职位，往往会对自己的个人信息弄虚作假；而企业也往往为了招到更好的人才，只向外界展示企业好的一面，从而造成了信息的可信度低。

（3）招聘流程烦琐低效。企业首先要从大量的简历中筛选符合要求的应聘者，然后再进行一次次的面试筛选，最后确定工作地点及工作岗位。这一系列的流程需要耗费大量的时间、人力与物力。

（4）人力资源管理者充当应聘者与招聘者之间的中间人的角色。在对人才进行选拔的过程中，不再单纯地凭借求职者的能力进行选拔，而是从中获取一定的利益。

（四）"互联网+"招聘模式的特点

"互联网+"招聘模式有以下几个特点：

1. 筛选智能化

互联网招聘为企业带来了海量的简历，每个大型企业的人力资源管理者都遇到过类似的问题：一条招聘信息的发出后，成千上万件简历涌入，邮箱收到的应聘简历在一天之内会爆满，然后人力资源管理者耗费大量的时间和精力对简历进行筛选，最后只有少部分符合应聘要求的简历。

针对这种情况，就需要使用智能化筛选对无效信息自动过滤。"互联网+"招聘就是利用智能化筛选，避免烦琐重复操作。一方面，是按照应聘者的个人简历信息找到与之相匹配的工作职位、工作内容或技能；另一方面，是对用户的信息进行数据化分析，然后选出与企业应聘要求相符合的人才。所以，未来的招聘网站将不会再出现海量化的简历信息。

2.信息透明化

部分应聘者对自己简历中的信息弄虚作假，这给企业的招聘人员造成了很大的困扰。为了证实简历的真实性，不少企业不得不采取背景调查这一措施。

因此，人力资源管理者希望的信息透明化会伴随着"互联网+"时代的到来而到来。一方面，在信息透明化的互联网招聘下，每个应聘者所建立的信息都可以在互联网中得到验证；另一方面，人们在信息透明化的互联网招聘所留下的各种信息都会通过大数据分析得到验证。

3.流程线上化

在互联网招聘的过程中，很多被选中的候选人在最后关头会放弃应聘，这提高了企业的人力、物力成本。

因此，在"互联网+"时代，企业如何充分发挥互联网的便利性，将整个招聘流程在网上实现流程化，节省时间、人力和物力，这是一个亟待解决的问题。例如，"招手职场"网站就以人力资源管理者与应聘者进行视频面试的方式实现了流程线上化，从而避免了应聘者爽约这一情况的发生。企业通过简历信息与视频面试，基本上完成了传统招聘中的基本环节，借助互联网的便利性，提高了招聘的效率，节省了时间、人力与物力。

4.招聘直接化

人力资源管理者与企业之间的意见不统一也是一个亟须解决的问题。人力资源管理者经过认真挑选后选中的人才，却没有被用人单位选中，而没有被人力资源管理者选中的应聘者，却被用人单位选中。其原因是在招聘的过程中，用人单位向人力资源管理者传递的信息出现了失真。

用人单位向人力资源管理者提出招聘要求，人力资源管理者将用人单位的要求转化成专业语言对外发布，求职者按照人力资源管理者发布的用人单位的要求转化为自己的语言。这样信息经过一轮轮的传递，难免会出现失真，造成了双方意见不一致。

要想解决这类问题就需要减少信息传递的中间环节，让招聘直接化。"互联网+"时代的招聘，用人单位可以直接在网上发布用人需求。因此，网上C2C（个人对个人）招聘将成为未来的主流。目前已有部分社交化网络招聘开始着手准备，但只有少数网站真正实现了C2C招聘。因此，随着未来管理的扁平化，信息传递环节的减少，C2C招聘将成为"互联网+"时代的主要招聘形式。

二、"互联网+"招聘模式

互联网的高速发展使得互联网招聘已经成为一种重要的招聘方式，并且出现众多的招聘网站。在经过几年发展之后，互联网招聘模式已经逐渐趋于完善，并以其低成本、方便快捷、资源丰富等优势，受到了众多企业和求职者的青睐。

而与此同时，这些招聘网站在发展过程中也形成了相对较为成熟的几种发展模式，主要有以下四种。

（一）SNS社交招聘

SNS招聘是利用SNS（Social Network Site，社交网站）社区搭建的人才求职招聘的平台，是集交友、人才服务（求职招聘）、网络商务为一体的综合平台。从本质上来说，美国社交招聘网站LinkedIn就是依靠人力资源管理领域的增值服务来实现盈利的。

LinkedIn首次提出了依赖积累的人脉资源来寻找人才的理念，同时结合最新的社交网络技术，形成了一种新的招聘方案。LinkedIn具有成本低、反应快、灵活性高、招聘时间短等特点，并凭借这些特点受到了求职者的广泛欢迎。

在国内，随着微博、微信、天际网与若邻网等SNS社交招聘网站的兴起，企业及求职者已经开始将目光逐渐转向SNS社交招聘网站上。

1.SNS社交招聘的优势

（1）社交网站上的会员活跃度比较高。通过社交网站，企业可以多方面地了解求职者。求职者的"人际关系圈"也能体现一个人的职业经历及能力素养。国外一家咨询公司曾经做过相关的调查，其结果表明，有45%的雇主和猎头会通过社交网站来了解求职者，而求职者在社交平台上留下的信息及痕迹，会直接影响雇主及猎头对求职者的印象及选择。

（2）与传统的简历式招聘相比，SNS 社交招聘主要是通过社交网络来寻找优秀的人才，成功率相对较高。有学者曾经对国内众多企业雇主进行过调查，结果发现，在接受调查的中国雇主中，有 85%的人坚信职业社交网站将会成为未来一种重要的人才招聘网站，并且在对会计师、互联网人才、商业人才等网络上比较活跃的专业人群的招聘上，将会发挥更大的价值。

2.SNS 社交招聘的缺点

SNS 社交招聘也存在自身的缺点，主要有以下几个方面：

（1）微博、微信等社会化媒体上的招聘。这种招聘方式需要企业与应聘者进行实时互动，并且还要针对应聘者的疑问予以及时解答，不仅需要投入较高的时间及人力成本，并且由于缺乏用户数据系统的支持也使得管理相对比较困难。

（2）若邻、天际等社交招聘网站。受到微博、微信等社会化媒体的影响及冲击，这些社交网站的人气不高。虽然这些社交招聘网站添加了社交元素，同时也引进了人际关系图谱。但是同类型网站之间同质化严重，尽管其一直在专注人际关系的拓展和积累，但是其职位得到的响应却比较低。

尽管 SNS 社交招聘还存在很多问题，但是未来这种招聘方式仍然具有比较大的发展潜力及空间，将会有越来越多的企业及求职者开始尝试社交网络这种新的人才招聘渠道。

而且近些年来，随着"90 后"职场新人的出现，作为当代互联网的"原住民"，他们倾向于使用网络形式求职，于是微博、微信求职及人际关系推荐等新型的网络招聘方式逐渐兴起。

（二）猎头招聘模式

很多企业由于受其人力资源部门能力的限制，在中高端职位的招聘上往往会遇到很多的困难，因此多数企业都会将此类招聘交给猎头公司。

猎聘网是目前国内较权威的高端人才社区化招聘网站，也是国内唯一一家实现企业、职业经理人与猎头三方互动的职业发展平台。

猎聘网开创了一种以经理人的个人用户体验为中心的服务模式。猎聘网拥有数万名优秀的猎头顾问，可以针对企业的需求提供高标准、精细化的咨询和招聘服务，同时猎头顾问将企业与求职者很好地结合在一起，并在双方的交流沟通中发挥了重要的作用，对企业招聘的开展具有重要意义。同时猎头顾问为职场精英推荐高薪职位，有利于他们的职业规划及发展。

猎聘网面向的用户有三种，包括猎头顾问、企业及求职者。目前猎聘网的盈利主要来自企业和求职者。

（1）针对企业的收费模式。企业在猎聘网上发布职位信息、雇主广告以及对求职者的简历下载等都需要支付一定的费用。

（2）针对求职者的收费模式。根据求职者在网站上的简历置顶、私信联系、群发简历等需求收取一定的费用。

尽管猎聘网在企业的招聘中发挥了重大的作用，并且受到了众多企业以及求职者的青睐。但是猎聘网的招聘模式仍然存在以下三个问题：

（1）由于不能实现精准匹配，猎头每天收到的简历数量非常多，而且其中有很多与职位不相关的简历及咨询。在遇到这种情况的时候，猎头一般会选择无视，因此这也就造成了求职者体验感下降的问题。

（2）猎聘网上中高端职位应聘者的数量只占20%左右，大多数的求职者满足的只是猎头职位和普通职位之间中低端职位的招聘需求。对于很多企业真正需要的中高端职位需求，依然没有真正地解决。

（3）缺失用户黏性。猎聘网原本希望通过猎头和求职者之间的互动以及沟通咨询等方式增强求职者对网站的黏性，但是实际上并没有取得良好的效果。由于猎头本身并不属于猎聘网，所以猎聘网很难保证为求职者提供良好的服务质量，而且猎头本身的能力及素养也参差不齐，很难形成统一、标准化的服务。

关于猎聘网中存在的问题，主要有以下四点改进措施：

（1）根据企业不同的需求，推出满足企业个性化需求的高度定制化招聘产品，并根据招聘效果进行收费，这也将是未来招聘的一种趋势。

（2）吸引更高端的求职者，利用有效的手段提升用户黏性，通过为企业提供高能力及高素养的人才增强企业对网站的信任和黏性。

（3）开发精准匹配系统，提高招聘效率，缩短招聘时间，节省成本。

（4）采取有效机制对猎头进行激励和约束，从而为求职者提供更加优质的服务，提升求职者的体验感。

（三）内推招聘模式

该招聘模式的代表网站是内推网。内推网采用的招聘模式是与猎聘网完全相反的。内推网是一个专注于互联网行业的招聘网站，内推网拒绝猎头，其主要是依靠互联网从业者之间的相互推荐来求职。这种模式不仅更加直接、具有可信度，并且还可以在相互介绍的过程中结交更多的业内人士，相互沟通和交流工作经验。

内推网通过 Timeline 形式来发布内推招聘信息。有发布消息需求的人才只要点击页面顶部的"发布内推"，就可以将内推消息发布到网上；而有工作需求的人才只要在搜索框中搜索出自己想要的工作分类，就可以简单直接地看到内推信息。

与其他招聘网站相比，内推网的优势主要体现在以下七个方面。

（1）垂直的特点，只是专注于互联网行业。不管是应聘者还是招聘者都是互联网行业从业者，由于有相似的经验，因此双方对接的效率也会更高。

（2）在网站上发布内推信息也需要一定的资格，只有经过公司邮箱验证的人才能发布，非互联网行业的人或者是猎头无权发布信息。

（3）每人每天只能发布两条内推消息，从而确保信息的有效性，并且内推网更是鼓励内推人在网上发布信息。

（4）求职者每人每天可以发送三次简历，鼓励应聘者有目的地发送简历，而非滥发或者海投。

（5）通过对内推人以及求职者的规定和限制，保证内推者以及求职者能够实现精准对接，从而提高招聘效率。

（6）内推网致力于为求职者营造一种公司的人在招人的情景，使应聘者有一种亲切以及更具鲜活生命力的感受。

（7）鼓励求职者和招聘者在线私信聊天，通过双方的互动和沟通，保证信息的对称性，同时加深对彼此的了解，为求职赋予了更多感情化的色彩。

内推招聘因其简单、直接的特点受到了许多互联网公司的欢迎，同时也吸收了众多优秀的产品以及研发人员。只不过这种招聘模式只适用于小众群体，在缺乏庞大的线下团队的支持下，其未来能否形成一个成熟的商业模式还是一个未知数。

此外，如果内推网能够在招聘的基本功能之外，为互联网从业者提供一个交流沟通的平台，那么不仅有利于增强用户的黏性，同时也会收集到更多的隐性数据，可以对互联网从业者的能力进行有效评估。

（四）悬赏求职模式

除内推招聘外，还有一种相应的"外推"招聘模式，这就是在国内刚兴起来的新型众包招聘模式。例如，职客网就是一种典型的"外推"招聘。通过"企业自主定价悬赏+推荐"的模式，充分调动应聘者的积极性。

在互联网日益普及的今天，互联网招聘已经成为求职者及企业依赖的一种重要渠道，而悬赏求职的逆向求职方法正如日中天，未来在求职中将会发挥更大的作用。

三、社会化招聘

（一）社会化招聘的形成及发展特点

社会化招聘是指借助社会化媒体平台进行招聘行为（发布职位、搜集整理求职者信息、线上评估等）。通过这种社会化媒体平台求职者与招聘企业可以进行实时沟通，使得人机互动转向了人性化的人人互动。

社交网络历经多年的不断发展，已经成为人们生活中不可或缺的一部分，80%以上的在职者都在使用社交网络，企业也开始看到了社交网络所蕴含的巨大潜在价值，开始借助社交网络进行品牌推广、产品营销等。

一些企业开始借助社交网络开展招聘工作，本质上来讲，社会招聘是网络招聘的一种新型的招聘形式，它在继承了网络招聘的优点的情况下又出现了一些新的特点。

1. 借助社交平台招聘

社交网络的兴起，开启了自媒体时代的序幕。只要有一个社交网站的账号便可以向其他人传递信息，社会化招聘的兴起便是在这一背景之下。一些企业借助微博、微信等社交平台建立企业的招聘网页，再加上一些宣传推广，求职者很容易被吸引。

例如，保洁公司在社交网络上开设的招聘页面，几乎不用推广宣传，一些求职者会自发地将其进行分享，而且这些信息的流动针对性极强，招聘信息借助社会化平台实现广泛传播，极小的投入便可以获得极佳的效果。

2. 确定求职者的身份信息

社交网络利用用户的人脉信息可以确定出求职者的身份信息，随着网络实名制的逐渐完善，虽然仍旧有为数众多的社交网络没有完全实现实名制，但是用户在上面的信息却暴露了其真实身份。社会化招聘解决了网络招聘过程中的信息造假问题，可以让招聘企业对应聘者进行背景调查，从而找到真正所需的人才。

3.自动分类

社交网络具有自动分类的属性，如校内网络上大部分用户是在校生；贴吧与论坛的分类可以获得用户的兴趣爱好；知乎上的交流信息能了解用户的擅长领域等。社会化招聘可以借助这些分类确定招聘的受众，招聘企业借助这些分类信息就如同得到了一个优秀人才数据库。

上述几种特性使得社会化招聘获得企业的广泛认可，一些社会化招聘网站，如猎聘网、大街网、拉勾网等成功地获得了融资，走上了快速发展之路。

（二）社会化招聘与传统网络招聘的比较

社会化招聘同传统网络招聘虽然都是借助互联网平台，但是传统的网络招聘将招聘业务委托给了第三方的网络招聘平台（如中华英才网、智联招聘、前程无忧），平台帮助招聘企业发送职位信息，并帮助企业进行一些前期的筛选工作。

社会化招聘则只是借助社交平台发布信息，企业自己与招聘者进行交流互动，企业可以用来评估应聘者的内容大大增加，求职者的性格、爱好、经历等都成为企业筛选的指标。

1.社会化招聘相对于传统网络招聘在招募和甄选上的优势

（1）社会化招聘打破了人机互动的弊端，直接进行人与人之间的交流互动。企业利用社交网络平台可以进行品牌推广、价值传播、文化以及制度的传递等，企业的社交网络账号可以代表一种企业的虚拟形象，外界通过企业账号所传递出的一系列信息会对企业有一个综合的认识。

（2）不借助第三方平台发布招聘信息，降低了招聘的成本。尤其是对于大型企业而言，这种招聘信息传播的成本更为低廉，一条微博或是微信，就可以获得几十万以上用户的转发。

（3）招聘信息公开透明，具有双向选择性。无论是招聘企业还是求职者都可以平等获得信息，而且信息的真实度还可以得到保障，降低了双方的成本。

（4）传统网络的招聘服务体系存在不足，而社会化招聘可以通过自建"微招聘"来控制招聘的整个流程。社会化招聘的功能更具多样性，而且社会化招聘所构建的是一个能够独立运行的人性化社区，企业通过社会化招聘无须再历经信息发布、线上筛选、线下面试等一系列流程，人才招聘活动可以一次性完成，这极大地提升了招聘效率。

（5）企业可以获得优秀人才数据库。过去传统网络招聘网站将求职者的信息控制在自己手中，招聘企业就如同是在出售一件商品，将自己的岗位放在网站上等待求职者前来选择。而社会化招聘能够将对招聘企业感兴趣的人聚在一起，这些人成为招聘企业的后备人才数据库。例如，大街网、天际网等商务招聘网站上面聚集了各个领域的精英群体。招聘企业未来有人才需求时，可以在这些人才数据库中选择合适的人才。

2.社会化招聘相对于传统网络招聘在招募和甄选上的劣势

（1）传统的网络招聘仍然占据着较大的市场份额，而社会化招聘目前尚处于起步阶段。招聘企业及求职者仍然将传统的网络招聘作为首先考虑的招聘渠道。

（2）多数的招聘企业只将社会招聘当成一种成本低廉的免费招聘信息发布平台来看待，没有真正地参与到与求职者的交流互动之中，双方的信息交流不够及时，这对招聘企业的形象造成了一定的损害，很难吸引到真正的人才。

（3）普通职位的招聘也使得招聘工作的工作量增加。企业要找到懂一定技术的人才，需要在社交网络上建立企业的网站，想要取得一定的成效，还要进行一定的维护工作，而且人工维护也使得企业的信息发布具有一定的滞后性。

（4）小微企业使用自己的账号获得较高的关注度具有一定的难度。由于小微企业的知名度较小，公众账号需要它们花费大量的资源来进行宣传与推广，一些小微企业进行社会化招聘由于受到人才与时间的限制，往往在尝试之后选择放弃。社会化招聘目前对小微企业来说缺乏吸引力。

（三）社会化招聘在企业中的应用

社会化招聘具有的优势决定了其在未来会迸发出巨大的能量，结合其发展的趋势来看，社会化招聘在企业中将会展现出以下六个方面的应用。

1.社会化招聘有利于企业创新人才选拔机制

社会化招聘过程中企业具有较大的自主选择权，因此可以采用多种方法对求职者进行综合的筛选。企业可以借助在社交平台上设置问题来考核应聘者，人事部门根据求职者给出的答案进行综合评定。

2.借助社交网络完善企业的招聘工作

招聘企业在社交网站发布的招聘信息会清晰地在浏览者面前出现，浏览者可以对这些招聘信息中表现出来的信息发表自己的看法，这对招聘企业建设完善的人力资源规划、绩效管理体系、薪酬待遇标准等具有重要的意义。大众的智慧会提升企业的招聘能力。

3.实时评估招聘工作流程及效果

用户参与评论的即时性,使得招聘工作的考核不再只是企业内部人员的事务,广大的网民开始参与到企业招聘工作的评估过程中,尤其是那些拥有大量关注用户的大型企业,它们的招聘活动往往会有数万人关注。如果企业想要征求这些用户的意见,只要发布一条信息就能获得大量的用户评论。

4.可以在社交平台上进行公司账号的建设工作

由于受用户关注度的影响,大企业可以说是社会化招聘的巨大推动者及受益者。而小微企业也不应该放弃这一机会,虽然没有知名度的优势,但可以直接在一些商务社交平台上来进行招聘。这些商务社交平台的建设初衷就是为了服务社会化招聘,在这些平台上聚集了一大批的各行业的精英人才,即使是小微企业只要花费一定的精力也可以找到自己所需的人才。

5.结合其他招聘方式形成优势互补

社会化招聘结合其他的招聘方式,从而形成有效的优势互补,可以为招聘企业带来意想不到的绝佳效果。

6.对高端人才具有聚集作用

招聘企业可以借助这一优势,找到所需的高级人才。社会化招聘的评估功能可以使招聘企业对人才的当前工作状态、兴趣爱好、发展意向等作出评估。

社会化招聘虽然尚处于起步阶段,还存在着一定的缺点与不足,没有得到人们的广泛认可。但是其具有的这些特点,在激烈的人才竞争中具有其他招聘形式难以匹敌的优势。相信随着社会的发展,社会化招聘的优势会逐渐被人们发现进而不断地推广普及,在未来一定会成为企事业单位招聘的主流形式。

第三章　基于创新理念下的员工培训

第一节　培训原则和培训制度

一、培训的基本原则

培训是提高人力资源管理效率和效果的重要手段。目前在各类组织中存在着形式、内容各异的培训，但各类培训坚持的原则基本是一致的。其基本原则主要有以下几点：

（一）长期性原则

员工培训需要企业投入大量的人力、物力，这对企业的当前工作可能会造成一定的影响。有的员工培训项目有立竿见影的效果，但有的培训尤其是管理人员和员工观念的培训要在一段时间后才能反映到员工工作效率或企业经济效益上。因此，要正确认识智力投入和人才开发的长期性和持续性，要用"以人为本"的经营管理理念做好员工培训工作。

（二）全员教育培训和重点提高相结合原则

全员教育培训，就是有计划、有步骤地对所有在职员工进行的教育和训练。全员培训的对象应包括企业所有的员工，这样才能全面提高企业员工的素质。同时，在全员培训的基础之上还要强调重点培训，要分清主次先后、轻重缓急，制定规划，分散进行不同内容、不同形式的教育培训。在全员教育培训的同时，重点培训对企业的发展起着关键作用的领导人才、管理人才和技术骨干，优先培训急需人才。此外，人员培训的内容还应该与员工的任职标准相衔接，同时兼顾专业知识技能与职业道德两方面。

（三）严格考核和择优奖励原则

严格考核是保证培训质量的必要措施，也是检验培训质量的重要手段。员工只有培训考核合格，才能择优录用或提拔。鉴于很多培训只是为了提高素质，并不涉及录用、提拔或安排工作问题，因此对受训人员择优奖励就成为调动其积极性的有力杠杆。根据考核成绩，设立不同的奖励等级，并记入档案，与今后的奖励、晋级等挂钩。

激励是调动组织成员为实现组织目标共同努力的主要动力。培训的对象既然是组织内的员工，就要求员工把培训看作是某种激励的手段。如果他们接受了培训，并从中获得了自身的发展，带来了好处，他们就会乐于参与和支持企业的培训计划。企业员工在接受培训的同时感受到了组织对他们的重视和发展，提高了员工对自我价值的认识，也增强了员工职业发展的机会。

（四）投资效益原则

员工培训是企业的一种投资行为，和其他投资一样，也要从投入产出的角度考虑效益大小及远期效益、近期效益。员工培训投资属于智力投资，它的投资收益应高于实物投资收益。但这种投资的投入产出的衡量具有特殊性，培训投资成本不仅包括可以明确计算出来的会计成本，还应纳入机会成本。培训产出不能纯粹以传统的经济核算方式来评价，它还包括潜在的或发展的因素，另外还有社会的因素。在投资培训时，投入是较容易计算的，但产出回报是较难量化计算的，并且有些培训还较难确定是长期效益还是短期效益。

二、培训制度的主要内容

（一）培训服务制度

1.培训服务制度条款

"制度条款"需明确以下内容：

（1）员工正式参加培训前，根据个人和组织需要向培训管理部门或本部门负责人提出申请。

（2）在培训申请被批准后需要履行的培训服务协约签订手续。

（3）培训服务协约签订后方可参加培训。

2.培训服务协约条款

"协约条款"一般要明确以下内容:

(1) 参加培训的申请人。

(2) 参加培训的项目和目的。

(3) 参加培训的时间、地点、费用和形式等。

(4) 参加培训后要达到的技术或能力水平。

(5) 参加培训后要在企业服务的时间和岗位。

(6) 参加培训后如果出现违约的补偿。

(7) 部门负责人的意见。

(8) 参加人与培训批准人的有效法律文件的签署。

培训服务制度是培训管理的首要制度,虽然不同组织有关这方面的规定不尽相同,但目的是一致的,符合企业和员工的利益并符合国家法律法规的有关规定,应对其予以重视。

(二) 入职培训制度

入职培训制度就是规定员工上岗之前或任职之前必须经过全面的培训,没有经过全面培训的员工不得上岗或任职的一种制度。它体现了"先培训,后上岗""先培训,后任职"的原则,适应企业培训的实际需要,有利于提高员工队伍的素质,提升工作效率。此制度的主要内容有以下几个方面:

(1) 培训的意义和目的。

(2) 需要参加培训的人员界定。

(3) 在特殊情况下员工不能参加入职培训的措施。

(4) 入职培训的主要责任人(部门负责人或培训管理者)。

(5) 入职培训的基本要求(内容、时间、考核等)。

(6) 入职培训的方法。

(三) 培训考核评估制度

培训考核评估制度主要有以下几个方面:

(1) 被考核评估的对象。

(2) 考核评估的执行组织(培训管理者或部门负责人)。

(3) 考核的标准区分。

（4）考核的主要方式。

（5）考核的评分标准。

（6）考核结果的签署确认。

（7）考核结果的备案。

（8）考核结果的证明（发放证书等）。

（9）考核结果的使用。

设立培训考核评估制度的目的，既是检验培训的最终效果，为培训奖惩制度的确立提供依据，同时也是规范培训相关人员行为的重要途径。需要强调的一点是，培训评估考核必须100%进行，并且要标准一致。评估考核过程开放、公平，方可达到培训评估考核的目的。

第二节　培训需求分析

一、培训需求分析的含义和作用

培训需求分析就是判断企业是否需要培训及培训内容的一种活动或过程。需求分析对企业的培训工作至关重要，它是真正有效地实施培训的前提条件，是培训工作实现准确、及时和有效的重要保证。

培训需求分析具有很强的指导性，它既是确定培训目标、设计培训计划的前提，也是进行培训评估的基础。培训需求分析作为现代培训活动的首要环节，具有重要的作用。其作用具体表现在以下几个方面：

（一）确认差距

培训需求分析的基本目标就是确认差距，即确认任职者的应有状况与现实状况之间的差距。差距确认一般包括三个环节：一是必须对所需要的知识、技能、态度进行分析，即理想的知识、技能、态度的标准或模型是什么；二是必须对实践中所缺少的知识、技能、态度进行分析；三是必须对理想的或所需要的知识、技能、态度与现有的知识、技能、态度之间的差距进行比较分析。这三个环节应独立有序地进行，以保证分析的有效性。

（二）提供前瞻性分析

由于组织外部环境的不确定性，企业的发展过程是一个动态的、不断变化的过程，当组织发生变革时，培训计划要满足这种变化。因此，那些负责培训和开发的人力资源管理人员应该在制订合适的培训计划之前，迅速地把握住这种变革。

（三）保证人力资源开发系统的有效性

人力资源开发的过程就是人力资源培训的过程，没有培训就谈不上人力资源开发。所以，人力资源管理人员在设计培训计划时，就要充分考虑到人力资源开发的需要，为人才储备做好基础性工作。

（四）提供多种解决问题的方法

解决需求差距的方法很多，有些可能是与培训无关的选择，如人员变动、工资提高、新员工吸收，或者是几个方法的综合等。针对不同情况企业可选择不同培训方法。最好的方法是把几种可供选择的方法综合起来，制定包含多样性的培训策略。

（五）分析培训的价值及成本

当进行培训需求分析并找到了解决问题的方法后，培训管理人员就能够把成本因素引入培训需求分析中。如果计算后发现培训的损失小于培训的成本，则说明当前还不需要或不具备条件进行培训。由于很多项目不能用数字量化，因而这项工作是比较困难的。

（六）获取内部与外部的多方支持

无论是在组织内部还是外部，企业通过需求分析收集关于制订培训计划、选择培训方式的大量信息，这无疑能给将要制订的培训计划的实施提供支持。例如，中层管理者和受影响的工作人员由于参与培训需求分析过程，所以他们通常会支持建立在扎实的需求分析基础之上的培训计划。

二、培训需求分析的内容

企业的培训需求是由多个方面的原因引起的，企业确定进行培训需求分析并收集到相关的资料后，就要从不同层次、不同方面、不同时期对培训需求进行分析。

（一）培训需求的层次分析

1.组织层次分析

组织层次分析主要是确定组织范围内的培训需求，以保证培训计划符合组织的整体目标与战略要求。通过对包括政府的产业政策，竞争对手的发展情况，企业的发展目标、发展战略，企业生产效率、事故率、疾病发生率、辞职率、缺勤率和员工的行为等在内的组织的外部环境和内部环境进行分析，发现组织目标与培训需求之间的联系。

2.工作岗位层次分析

工作岗位层次分析主要是确定各个工作岗位的员工达到理想的工作业绩所必须掌握的技能和态度。岗位分析、绩效评价、质量控制报告和顾客反映等都能为这种培训需求提供重要的信息。这个层次的培训需求决定了培训的内容。

3.员工个人层次分析

员工个人层次分析主要是确定员工目前的实际工作绩效与企业的员工绩效标准之间存在多大的差距。这一层次的分析主要是为了将来评价培训的结果和评估未来培训的需求。信息来源包括员工业绩考核的记录、员工技能测试成绩及员工个人填写的培训需求问卷等资料。

（二）培训需求的对象分析

1.新员工培训需求分析

新员工的培训需求主要产生于新员工对企业文化、企业制度不了解而不能融入企业，或是对企业工作岗位的不熟悉而不能很好地胜任新工作。对新员工的培训需求分析，特别是对低层次岗位的新员工的培训需求，企业通常使用任务分析法来确定其在工作中需要的各种技能。

2.在职员工培训需求分析

由于新技术在生产过程中的应用、在职员工的技能不能满足工作需要等而产生培训需求，企业通常采用绩效分析法评估在职员工的培训需求。

（三）培训需求的阶段分析

1.目前培训需求分析

目前培训需求指针对企业目前存在的问题和不足而提出的培训要求，主要是分析企业现阶段的生产经营目标、生产经营目标的实现状况、未能实现的生产任务、企业运行中存在的问题等方面,找出这些问题产生的原因,并确认培训是不是解决问题的有效途径。

2.未来培训需求分析

未来培训需求主要是为满足企业未来发展过程中的需要而提出培训的要求。一般采用前瞻性培训需求分析方法,预测企业未来工作变化、员工调动情况、新工作岗位对员工的要求及员工已具备的知识水平和尚欠缺的部分。

第三节　培训对象选择

一、运用绩效分析方法确定培训对象

绩效评价本身就是需求分析与缺失检查的一种类型,其主要分析员工个体现有状况与应有状况之间的差距,在此基础上确定谁需要和应该接受培训及培训的内容。它为培训决策的制定提供了机会和依据。

运用绩效分析方法确定培训对象,主要有以下几个步骤:

（一）通过绩效考评明确员工的绩效现状

绩效考评能够提供考评员工现有绩效水平的有关证据,绩效考评的结果是对目标员工工作效率的种种表现所做的描述。

绩效考评可以运用从纯粹的主观判断到客观的定量分析之间的各种方法。如果某项工作绩效要求已被界定,那么就可以向专家请教所需培训的类型;如果某项工作的要求是已知的,那么可以请组织的领导者对实际绩效进行分等。两种方法中,优先顺序的确定都依赖于对整个工作中"哪些工作领域是最重要的和哪种培训效果是最好"的判断。然而,最可靠的需求分析基于实证性的数据。企业要尽可能客观地收集和分析数据,并在此基础上决定是否真正地需要培训。

（二）根据岗位说明书或任务说明书分析绩效标准或理想绩效

岗位说明书能够明确岗位对任职者的绩效要求。员工从事该岗位所需要的知识、技能和态度可以通过任务目录或技能目录来描绘。企业通过资料收集来确定岗位需要同个体能力之间的差距，以及对工作绩效的影响状况。主要项目指标包括以下几个方面：

（1）岗位的工作标准。

（2）岗位的绩效标准。

（3）岗位绩效目标与部门目标、组织目标之间的关系。

（4）领导如何要求下级工作、获取何种绩效目标。

（5）领导在多大程度上希望维持这种理想状态（个人达到的绩效目标、部门达到的绩效目标等）。

（三）确认理想绩效与实际绩效的差距

有关员工现有绩效水平的数据资料，能够表明全体员工中有多少人未达到、达到或超过了理想的绩效水平。在每一个工作领域里，未达到理想绩效水平的员工的百分比这一数据能够表明，员工的哪些方面存在差距、差距有多大，哪些员工应对这些差距负责。

（四）分析产生绩效差距的原因

把绩效差距分解为知识、技能、态度、环境等具体内容，分析造成绩效差距的具体原因；了解在过去一段时间内，这种差距的变化趋势。

（五）根据绩效差距原因分析确认培训对象

企业根据绩效差距原因分析确认以下几项内容：是否需要培训，需要在哪些方面进行培训，需要培训多久，哪些人员需要培训及哪些人员需要优先进行培训。如果考评的结果表明工作效率低的程度并不明显，则选派人员参加培训项目的必要性就不大；如果不是因培训不足而产生绩效问题，企业应寻找其他可行、有效的解决方案。

二、运用任务与能力分析方法确定培训对象

（一）根据任务分析获取任务的相关信息

对于每个特定工作的具体培训需求来说，任务水平分析可以提供三个方面的信息：

1.每个工作所包含的任务（即工作描述中的基本信息）。
2.完成这些任务需要的技能（来自工作说明书与工作资格表）。
3.衡量完成该工作的最低绩效标准。

对各项任务进行分析，在企业制订和选择培训计划时是非常有用的。一般来说，企业可以利用一些标准独立地对每项工作进行有关上述问题的分析，然后设计出一套培训权衡表。这三个方面的信息可分别从目前的员工、人事档案、管理人员处收集后综合得出。

（二）对工作任务进行分解和分析

企业以工作说明书、工作规范或工作任务分析记录表作为确定员工是否达到企业要求其必须掌握的知识、技能和态度的依据，通过岗位资料分析，将其和员工平时工作中的表现进行对比，以判断员工要完成工作任务的差距所在。

工作任务分析记录表可以分解为以下指标：主要任务和子任务、各项工作的执行频率、绩效标准、执行工作任务的环境条件、所需的技能和知识及学习技能的途径和场所等。

企业对各种任务进行分析后设计出一套培训权衡表。毫无疑问，培训的重点应放在那些发生频繁的、重要的或相对而言较难掌握的知识技能方面。培训者在选择培训工具、培训时间或其他事项时，也会考虑其他综合性因素。

（三）根据工作任务分析结果确定培训对象

工作任务分析的重点在于如何提供改善和提高的机会。培训者根据员工的素质差距，为他们提供必要的指导、培训，使他们获得必需的技术和能力。用这种方法分析培训需求可以大致将其分为三类：

1.重复性需求

如对每个新员工的就职培训。一般来说，新员工对企业文化、规章制度、从事某项工作的特殊方法等缺乏了解。因此，企业通过岗前引导计划来满足新员工的这种重复性的需求。

2.短期性需求

如培训员工学会如何使用企业购置的新设备。

3.长期性需求

企业为每一个工作岗位设计一个培训计划，以帮助员工通过更系统化的方法来提高基本技能，为职业评价与开发打下基础。

三、确定培训对象的基本原则

根据组织需要及员工绩效与能力确定培训对象的总原则是：当其需，当其时，当其位，当其愿。企业据此确定培训对象来源的范围、层次及类别，并制订符合实际、操作性强的培训计划。确定培训对象的基本原则是：

（一）在最需要的时候对最需要培训的人员进行培训。

（二）针对具体的岗位及其在组织运营中的重要程度选拔人员。

（三）充分体现员工个人发展愿望与组织需要的结合。

第四节　培训的方法及评估

一、培训方法的选择

培训方法的选择要和培训内容紧密相关，不同的培训内容适用于不同的培训方法。在实际工作中，培训者要依据企业培训的需要和可能培训的内容及培训的对象等方面，合理地选择采用培训方法。不同的培训方法有不同的特点，其自身也各有优劣。

（一）以掌握知识为目的的直接传授培训方法

直接传授培训方法是指培训者直接通过一定途径向培训对象发送培训中的信息。这种方法的主要特征是信息交流的单向性和培训对象的被动性。其具体形式有以下几种：

1.讲授法

讲授法即按照准备好的讲稿系统地向受训者传授知识，它是最基本的培训方法。讲课教师是讲授法成败的关键因素。讲授法适用于各类学员对学科知识、前沿理论的系统了解，其主要有灌输式讲授、启发式讲授、画龙点睛式讲授三种方法。

讲授法的优点：传授内容多，知识比较系统、全面，有利于大面积培养人才；对培训环境要求不高；有利于教师的发挥；学员可利用教室环境相互沟通，学员能够向教师请教疑难问题；人均培训费用较低。

讲授法的局限性：传授内容多，学员难以吸收、消化；单向传授不利于教学双方互动；不能满足学员的个性需求；教师水平直接影响培训效果，容易导致理论与实践相脱节；传授方式较为枯燥单一，受训者容易倦怠。

2.专题讲座法

专题讲座法形式上和讲授法基本相同，但在内容上有所差异。讲授法一般是系统知识的传授，每节课涉及一个专题，多次授课；专题讲座法是针对某一个专题知识，一般只安排一次培训。

专题讲座法适用范围：适用于管理人员或技术人员了解专业技术发展方向或当前热点问题等方面知识的传授。

优点：培训不占用大量的时间，形式比较灵活；可随时满足员工某一方面的培训需求；讲授内容集中于某一专题，培训对象易于加深理解。

缺陷：讲座中传授的知识相对集中，内容可能不具备较好的系统性。

3.研讨法

研讨法是指在教师引导下，学员围绕某一个或几个主题进行交流，相互启发的培训方法。

适用范围：适宜各类学员围绕特定的任务或过程，培养其独立思考的能力、判断评价问题的能力及表达能力，其主要有集体讨论、分组讨论、辩论式讨论等形式。

选题应注意：题目要具有代表性、启发性；题目难度适当；研讨题目应事先提供给学员，以便做好研讨准备。

优点：强调学员的积极参与，有利于培养学员的综合能力；全方位信息交流，加深对知识的理解，提高其运用的能力；研讨法形式多样，适应性强，可针对不同的培训目标。

难点：对研讨题目、内容的准备要求较高；对指导教师的要求较高，教师的选择难度大。

（二）以掌握技能为目的的实践性培训方法

实践法是让学员在实际工作岗位或真实的工作环境中，亲身操作、体验，掌握工作所需的知识、技能的培训方法。这种方法在员工培训中应用最为普遍。

实践法将培训内容与实际工作直接相结合，具有很强的实用性，是员工培训的有效手段。这种方法适用于从事具体岗位所应具备的知识、技能和管理实务类培训。

实践法的主要优点有两个：一是经济，受训者边工作边学习，一般无须特别准备教室等培训设施；二是实用、有效，受训者通过实践学习，培训的内容与受训者将要从事的工作紧密结合，而且受训者在工作过程中，能得到关于他们工作行为的反馈和评价。实践法的主要形式如下：

1.工作指导法

工作指导法也称教练法、实习法。这种方法是指由一位有经验的工人或直接主管人员在工作岗位上对受训者进行培训。指导教师的任务是使受训者知道如何做，提出如何做好的建议，并对受训者进行激励。

这种方法的优点是应用广泛，可用于基层生产工人，如让受训者通过观察教师工作和实际操作，掌握机械操作的技能；或用于各级管理人员的培训，让受训者与现任管理人员一起工作，后者负责对受训者进行指导，一旦现任管理人员因退休、提升、调动等原因离开原来的工作岗位时，已经训练有素的受训者便可立即接替，如设立助理职务来培养和开发企业未来的高层管理人员。

这种方法并不一定要有详细、完整的教学计划，但应注意培训的要点：一是关键工作环节的要求；二是做好工作的原则和技巧；三是须避免的问题和错误。

2.工作轮换法

工作轮换法是指受训者在不同时期内变换工作岗位，使其获得不同岗位的工作经验的方法。以利用工作轮换进行管理培训为例，这种方法让受训者有计划地到各个部门学习，如生产、销售、财务等部门，在每个部门工作几个月，从而获得相关岗位的工作经验。实际参与所在部门的工作，或仅作为观察者，了解所在部门的业务，扩大受训者对企业各环节工作的了解。

工作轮换法的优点：丰富受训者的工作经验，增加其对企业各项工作的了解；受训者明确自己的长处和弱点，找到自己适合的位置；改善部门间的合作，管理者能更好地理解各个部门的问题。

工作轮换法的缺点：工作轮换法鼓励"通才化"，适合于一般管理人员的培训，尤其是中高级管理人才的培训；但这种方法对职能管理人员的专业化培训来说并不适合。

提高这种方法的培训效果，应注意的实施要点：一是工作轮换计划需根据每个受训者的具体情况制订，应将企业的需求与受训者的兴趣、能力倾向和职业爱好相结合。受训者在某一部门工作的时间长短，应视其学习进度而定。二是配备有经验的指导者。受训者在每一个岗位工作时，应由富有经验的指导者进行指导，指导者应受过专门训练，负责为受训者安排任务,并对其工作进行总结、评价。

3.个别指导法

这种方法和以前的"学徒工制度"相似。目前我国仍有许多企业在实行这种"传帮带"式培训方式,其主要特点在于通过资历较深的员工的指导,让新员工能够迅速掌握岗位技能。

个别指导法优点:新员工在指导者的指导下开始工作,有利于新员工尽快融入团队;可以消除刚走上工作岗位的员工的紧张感;有利于企业传统优良工作作风的传递;新员工可从指导者处获取丰富的经验。

个别指导法缺点:为防止新员工对自己构成威胁,有的指导者可能会有意保留自己的经验、技术,从而使指导流于形式;指导者水平高低对新员工的学习效果有极大影响;指导者不良的工作习惯会影响新员工;同时这种方法不利于新员工的工作创新。

二、培训效果的评估

(一)培训效果与培训评估的含义

培训效果是指企业和受训者从培训当中获得的收益。对企业来讲,培训效果是通过培训获得的绩效提高和经济效益;对受训者来说,培训效果则是通过培训学到各种知识和技能,培训所带来的绩效的提高以及获得担任未来更高岗位职务的能力。

培训评估是指收集培训成果以衡量培训是否有效的过程。企业培训评估的价值与作用在于培训评估是培训工作的最后阶段,培训评估技术是通过建立培训效果评估指标及评估体系,对培训是否达到预期目标、培训计划是否具有成效等进行检查与评价,然后把评估结果反馈给相关部门作为制订下一步培训计划的依据的一种方法。

(二)培训评估的层次和方法

企业要评估某一培训项目,应明确根据什么来判断项目是否有效。企业对培训效果的评估可在四个层面上进行:

1.反应评估

反应评估是第一级评估,即在课程刚结束时,了解学员对培训项目的主观感受或满意程度。第一级评估目标往往包括对培训项目的意见反馈和既定计划的完成情况。

反应评估需要评估以下几个方面:内容、讲师、方法、材料、设施、场地等。对这个层次的评估，首先要有总体的评估，如询问受训者对课程的感受，或在课后采取问卷调查的方式了解学员对培训课程、讲师等评价。在这一层面的评估，评估方法主要有问卷调查、面谈、座谈、电话或网络调查等方式。

2.学习评估

学习评估是第二级评估，其着眼于对学习的度量，即评估学员在知识、技能、态度或行为方式等方面的收获。学习评估的方法很具体，无论是测试、模拟、技能练习还是对教师的评价，都是为了评估学员学习的情况。学习评估往往在培训中或培训后进行，由教师或培训辅导员来负责实施。

学习层面主要的评估方法有考试、演示、讲演、讨论、角色扮演等。这个层面评估的优点是：对培训学员有压力，使他们更认真地学习；对培训讲师也是一种压力，使他们更负责、更精心地准备课程和讲课。

这个层面的评估的缺点是由评估所带来的压力有可能使学员报名不太踊跃。此外，这些测试方法的可靠度和可信度以及测试方法的难度很难把握。学习评估对工作行为转变来说并非最好的参考指标。

3.行为评估

行为评估即评估学员在工作中的行为方式有多大程度的改变。行为层面的评估主要有观察、主管的评价、客户的评价、同事的评价等方式。这个层面评估的好处是培训的目的就是改变学员的行为，因此这个层面的评估可以直接反映课程的效果，可以使高层领导和直接主管看到培训的效果，从而更支持培训。

对于第三级评估来讲，其目标涉及更广泛的领域，即培训的应用领域，包括重要的在岗活动。评估的实施时间往往是在培训结束后的几周或几个月。由于这种评估涉及几方面人员，包括培训和开发人员、部门经理等，所以在运作的初期企业管理者就必须明确这个问题的重要性。

但是，这个层面的评估要花很多时间和精力，单靠人力资源部门可能很难完成；调查问卷的设计非常重要却很困难；因为要占用相关人员较多时间，员工可能不太配合；员工的表现多种多样，如何剔除其他因素的影响也是一个问题。

4.结果评估

这是第四级评估，其目标着眼于由培训项目引起的业务结果的变化情况，其目标可以包括对每个项目的度量方法。例如，质量、数量、安全、销售额、成本、利润、投资回报率等企业或学员的上级最关注的并且可量度的指标来考察、判断培训成果的转化，并与培训前进行对照,从而确定培训产生了什么结果。时间的间隔取决于学员多长时间才能取得持续不变的业务效果,往往是培训结束后的几个月。收集四级评估的数据所涉及的责任人包括学员自己、主管或者外部的评估人员。

第五节 "互联网+"人才培训

一、互联网时代的人才培养模式变革

(一)"互联网+企业培训"概述

2015年3月5日,政府工作报告中首次提出"互联网+"行动计划,这使得许多行业把"互联网+"纳入品牌推广策略中,作为吸引用户的一个元素,企业培训也是其中之一。似乎在短短的一夜间,"互联网+企业培训"迅速崛起并进入人们的视野。

1."互联网+"与"互联网+企业培训"的概念

(1)"互联网+"概念

"互联网+"不是简单的网络技术应用,也不是简单的互联网思维,确切地说,"互联网+"是一个综合体,是网络技术、互联网思维以及互联网商业模式的综合。从本质层面上来说,它涉及用户中心、数据驱动及生态协同。

(2)"互联网+企业培训"的内涵

互联网与企业培训的结合不是简单地在企业培训当中运用互联网技术,它是指在培训过程中,将网络技术、互联网思维及互联网商业模式纳入整个价值链中,对其进行塑造。

互联网与企业培训的结合,会颠覆之前的培训系统,呈现出以下新面貌:

转变用户的被动地位,以自下而上的传播机制为主,培训方更加注重用户的需求,对用户信息进行分析,提升用户在培训过程中的体验,保持用户的活跃性,引导用户在培训过程中提高专业技能水平并建立新的结构系统,重视用户的反馈信息。

在数据驱动方面,打造数据化信息系统,将用户在培训中学习的具体课程、培训规划、具体表现、最终取得的效果等以数据形式存储起来，实现数据的加速传导，利用大数据分析技术来处理信息，以此提高商品的价值含量并进行价值推广。

在生态协同方面，用户地位的转变使"价值网"模式代替了之前的"价值链"模式，新模式下的供需状况与之前相比更易发生变动。这样一来，整个生态系统中的参与者之间的联系就更加紧密，他们在为其他参与者提供场景的同时，也身处别人构造的场景之中，彼此之间密不可分。

需要注意的是，尽管信息传导方式发生了变化，但价值链与价值网中的各个环节是一致的，仍然包括调研分析、体系设计、内外部供应商选择、课程开发、品牌传播、培训实施和培训管理等七个环节。

（3）"互联网+企业培训"的新特点

"互联网+企业培训"的新特点呈现的以下几个新特点：

第一，用户中心的特点。

用户中心指的是价值体系以用户需求为导向，分析用户特点，重视用户体验，保持用户活跃性，提高用户参与度。用户中心的特点主要有以下几个方面：

①在价值经营过程中，调研分析阶段着重调动用户的积极性，寻找用户的核心需求。

②体系设计、内外部供应商选择及课程开发阶段，以用户取得的最终效果作为培训机制的衡量标准，按照用户的意愿选择供应商，按照用户需求调整具体课程内容。

③在品牌传播阶段，推动用户的二次传播，提高品牌影响力，采用多媒体平台传播及自媒体传播。

④在培训实施及管理阶段，让用户根据自身情况定制学习目标与整体规划，采用灵活的课堂形式，让用户根据自身需求进行学习进度的管理，允许用户选择适合自己的方式来接受培训，采用社群经济模式，对用户之间进行效果评价，进行用户反馈信息的统计与处理等。

例如，网易的一个设计人员曾经就一款培训领导力的产品做过相关推广，产品的整个系统的运营都是围绕用户需求来进行的，在深入分析用户的前提下，该设计者归结了各个层次管理人员的特点，在此基础上，他以婴儿期、青年期、家长期、部落首领期来比喻各个层次的管理人员所处的时期，根据他们的发展需要进行培训产品的研发，并采用线上线下一体化模式实现最后的实施过程。这样的产品设计确实是以用户为核心的。

第二，数据驱动。

企业培训和互联网的结合与传统培训模式不同，整个体系及过程的发展是开放式的，在产品价值实现过程中,进行即时信息统计与处理,在制定课程内容、进行案例讲解时不固守传统模式,应该按照用户所处的发展阶段及数据更新进行灵活选择与完善。

培训方应该充分利用互联网资源,采用先进的数据分析技术,追踪用户的学习进度,了解他们的学习用时、常见的问题、偏爱的培训教师等信息,对培训产品进行适时的更新与完善,企业选拔人才与提拔员工时可以参考学员受训时的具体表现。

所以,与互联网相结合的企业培训虽然不需要培训团队进行数据处理,但是其应该具备基本的信息分析思维,懂得数据统计知识,可以根据分析结果进行产品设计的改进和调整,从而提升培训价值。

另外,分析受训者的发展需求,根据其需求制订培训计划,保证培训计划进展顺利等无一例外要用到数据驱动。

第三,生态协同。

新模式下的企业培训系统使参与者之间的联系更加紧密,众筹和众包方式的采用改变了之前的供求状态,参与者成为利益共同体中环环相扣的组成部分。

业务部门(企业用户)、受训者、经营方、培训教师、财务、推广等职能部门的经理等是整个企业培训系统的参与者,因此应该充分利用互联网将这些参与者组织起来,实现生态协同。

另外,还要注意对具体环节的调整与灵活应用。例如,在课程开发阶段充分发挥用户的主动性,在品牌传播阶段发挥社群的推广作用,在保证目标协同的基础上,充分考虑用户的发展需求,实现系统的开放性运作,借助互联网科技进行数据传导,将各个环节连接成一个整体。

在具体的执行过程中,应该积极调动各环节工作者的参与积极性,在课程开发阶段,鼓励每个用户与开发者进行经验交流与分享。

以京东的"微课"开发为例,其各职能部门的工作者会受邀与开发人员交流自己的工作心得,由专业人员将其经验进行总结、提升然后纳入培训课程;也可以充分利用互联网技术,在用户需要时向其提供相应的信息,加强用户与培训方之间的交流,统计用户信息,不断改善培训产品。

(二)传统企业培训模式面临的三个问题

目前,企业还无法在短时间内完全摒弃传统的企业培训模式,但在"互联网+"浪潮的冲击下,传统企业培训模式的劣势已开始显现,主要有以下三个方面:

1.培训师产能有限，跟不上发展速度

传统的企业培训模式主要以课程面授为主，以其他方式为辅。学员的人数有一定的限制，并且针对的学员类型不同，授课的地点也不固定，需要耗费大量的时间及精力。

对此情况，大多数企业选择单一的授课形式。培训师利用2~3个月开发一门课程，接下来的一年甚至几年中完全讲授这门课程。但是，培训的速度没有知识更新的速度快，这就导致企业即使对员工进行培训，还是无法改变被市场淘汰的命运。

2.优质培训资源稀缺

传统的企业培训方式主要是通过企业在线下与培训机构交流，或者体验培训课程等方式来寻找培训资源。

通过这种方式获取的信息不对称，无法从全局衡量企业的培训状况，并且耗费时间，最终的结果也无法令企业满意。与此同时，培训机构也面临着困境，优质的培训资源难以发掘，开发出来的优质课程找不客户，无法为其创造商业价值。因此，在培训市场形成"企业找不到好资源，好资源遇不到好企业"的现象。

3.个性化学习需求涌现，培训机构面临挑战

由于企业员工的工作经历、专业背景不同，在学习时也会呈现出多样化的需求，而传统的企业培训方式采用的是集中授课，没有考虑员工的差异化和个性化需求，因而培训效果不佳。员工需要的是为他们量身打造的岗位培训，符合他们职业发展规律的学习。

因此，培训机构应根据员工的自身特点及所属行业的特性，有针对性地进行培训。

（三）"互联网+企业培训"的七个趋势

随着我国经济已由高速增长阶段转向高质量发展阶段，一些跟不上时代发展的企业将被淘汰。一些企业积极求变，在技术创新、模式创新、市场拓展、战略调整等方面进行了很多尝试，取得了成效。

从本质上来看，这些变革行为的基础在于人才。企业培训承担着培养人才、构建人才供应链的重大使命，在这个阶段自然显示出了其重大意义。

企业的培训建立在组织的管理思想之上，管理思想也属于人文学科的一部分，所以企业培训和人文学科的内容具有较大的关联性。从本质上来说，管理思想具有如下两个方面的特点：

（1）管理思想有门派之别。纵观人类的发展历史，没有哪一种思想能够完全主导人类的发展，人类社会的不断进步正是源于不同的思想之间的交流与碰撞。管理思想在不同的企业有相应的内容，每个企业的管理思想都具有其特殊性，对企业来说管理思想没有最好的，只有最适合的。

（2）管理思想有层次之别，站在中国传统智慧的角度上来看，管理思想的层次主要有"道""法""术""器""势"五个方面。

"道"。"道"代表了人们对组织管理的基本理解，理解上的不同形成了管理流派上的差异；

"法"。"法"是"道"在组织管理中的具体体现，在此基础上归纳一系列的管理规律；

"术"。"术"是"法"在组织管理中的应用，是达成组织预定目标所采用的方式与方法；

"器"。"器"作为"术"在实施过程中所采用的工具，它是"道""法""术"能够运用到组织管理中的媒介；

"势"。"势"是人在运用上述四者时所形成的一种独特的气质与风格，管理者要强调的是"势"的独特性。

管理思想的门派与层次之间形成了组织管理思想的体系，企业培训所要涉及的内容基本都被这一体系所覆盖。在该体系的支撑下，未来的企业培训具有以下七个发展趋势：

1.强调系统性趋势

国内的企业历经多年的发展逐步走向成熟，多数企业已经走出了传统的盲目培训方式，培训的区分度越来越高。但是对于企业的培训而言最为重要的不是如何进行区分，而是怎样进行选择。

之前的企业培训倾向于博采众长、中西结合，但忽略了不同派别的管理思想之间的差异性，尤其是对于一个管理思想体系刚处于初步建设阶段的企业来说，这种培训方式，轻则培训效果不佳，重则损害企业的发展。因此，企业培训真正需要的是系统性的培训。

系统性强调管理培训过程中企业对不同的管理流派层次的差异性有所掌握，先从一个流派开始循序渐进，逐渐对组织管理有一个全面的认识。在此基础上，结合企业的人文特点形成企业独特的管理风格，并通过将其构筑在企业文化中，贯彻到企业的每一个阶层。

未来的企业培训系统也必定伴随企业个性化以及定制化培训体系的形成越来越具有专属性，相应的人力资源管理的工作难度也大大提高。

2.内容多元化趋势

互联网将整个世界形成了一个跨越时间与空间的网状结构，每一个节点都有着众多的连接方向，互联网应用范围逐步扩大，企业的培训体系所涵盖的内容也越来越多，培训的需求更加复杂，内容更具多样性。培训市场上的培训产品将会有巨大的改变，更多全新的理念与概念将会出现，为培训体系的进一步完善作出贡献。

3.知识更新速度加快趋势

当前我国正值全面深化改革的关键时期，创新发展成为时代主题，企业面对这种外在环境需要及时进行战略调整，这不仅需要创新推动发展，更需要更新企业理念、知识体系及思维方式。

市场需求的逐渐变化，使得管理思想以及概念也受到巨大的影响，培训产品以及服务类型逐渐增多，而这种思想与概念的快速更新，培训产品的寿命大幅缩短。之前一个经典的培训产品会获得企业的一致认可，被企业争相引入，但这种模式将逐渐被淘汰。培训产品的个性化以及定制化使产品由具有相应特征的企业来购买，企业对培训产品的选择更加趋向于理性，这也是企业培训行业走向成熟的一种标志。知识的快速更新也反映了企业对人才的需求也在不断地变化，如今企业进行知识更新是一件比较困难的事情，这也使那些企业新人有了更多的发展机遇。

4.思维塑造趋势

长时间以来，国内的企业培训更加注重"术"与"器"，注重于理解的"道"比较深奥，不易被掌握；"法"更加倾向于对规律的总结，难度很大；而"术"与"器"相对比较简单，易于操作。

这种发展使得管理者身上的"势"很难发挥出来，缺少了"道"与"法"对管理者思维的培养，培训很难有所收获，到最后形成的就是披着国外先进管理理念外衣的中国传统管理思想大行其道，不能使二者深度融合，所进行的培训自然显得有些不伦不类。市场竞争的日益激烈，使得企业需要静下心来去仔细思考"道"与"法"。

企业的人才培训承担着重要的使命，将"道"与"法"的真正内涵融会贯通，改造被培训者的经营思维，支撑培训产品的真正核心还是最为基本的理论，是对"道"与"法"的深层次运用；也只有这样将"道""法""术""器"结合的"势"，才能真正展现出对管理思维强大的塑造能力。

5.技能训练更加普及的趋势

"术"与"器"的应用在培训中更加大众化，培训中的技能、工具大部分可以被直接复制，标准化以及流程化非常容易实现。互联网的出现更使得这种普及能力进一步加强，相关培训也因此变得更加高效快捷，企业培训的投入成本大幅度降低，这促进了推广普及的实现。

　　建立在重视思想观念基础上的技术的普及产生的培训效果更加有效，以往企业培训将思想的作用过分放大，再加上管理者对思想的青睐，对管理思想的培训大行其道，忽略了对企业的技术培训。技术对企业发展的作用被客观认识后，被企业更加理性地对待，技能培训的普及化在企业的培训过程中无疑会带来人才的增长以及企业的发展。

　　6.内容更加具体化趋势

　　互联网时代所带来的变革使企业对培训的需求也从集中转向分散，培训的内容、形式都有所改变。需求的分散对精细化培训提出了更高的要求，一些想要通过几次培训课程就把所有的需求解决的想法是十分不现实的，培训业在朝着更为具体的精细化方向发展。

　　企业管理在不同的管理思想的指导下自然会有所不同。未来的企业培训应该注重于"精"，与企业所需要的人才特点相匹配，将"道"与"法"的理解与对"术"与"器"的广泛应用相结合，打造新型的管理思维，注重具体化，最终实现企业培训的有效完成。

　　7.塑造"多专多能"型人才趋势

　　互联网时代网状结构连接节点的方向比之前的线性结构有了更多的可能，这对处于每一个节点上的组织或者是个人的能力有了更高的要求，复合型人才走上时代舞台。

　　随着市场的发展，企业经营的领域逐渐开始跨越边界，人才的需求也需要改变，不同行业与领域的培训开始逐渐融合。企业培训需要提升人才的价值，为人才的价值创造打下坚实的基础。

　　我国经济发展模式的变革，会给企业带来巨大的机遇，但是本质上改变的还是在企业背后的人，能主动学习善于运用的人会找到新的机遇，从而走向金字塔的顶端；不能适应的人会被变革的洪流裹挟，成为他人成功的垫脚石。

二、"互联网+"时代企业培训该如何转型

　　（一）"互联网+"时代企业培训模式及其特点

　　随着互联网时代的来临，企业培训也逐渐与互联网思维相融合，寻找新的突破点。

　　1.企业 E-learning 平台模式及特点

　　E-learning，即在线学习系统，它是通过计算机互联网，或是通过手机无线网络，在

一个网络虚拟教室与教师进行网络授课、学习的方式。

企业充分利用互联网的便捷性，建立 E-learning 平台，为员工学习提供便捷的服务。E-learning 平台为学员的学习提供了学习任务分配、进度跟踪、效果监督等服务，既达到预期效果，又能节省时间和精力。例如，中国电信网上大学就是受国内普遍欢迎的 E-learning 平台。

对于企业来说，E-learning 平台能够帮助培训机构发掘潜在的用户资源，提高课程开发的品质，产生巨大的商业价值。通过 E-learning 平台，培训机构开发的课程可供多家企业同时使用，且授课地点由企业根据自身的需求而定，而培训教师也无须全国各地跑，只需将开发好的优质课程放到 E-learning 平台上即可，从而提高了效率。

此外，通过 E-learning 平台，培训机构的曝光率得以提高，能够吸引更多的企业参与培训；同时，通过 E-learning 平台，培训机构和企业可以更好地沟通，使培训机构在开发课程时更有针对性。

2.互联网与移动互联网培训模式

随着移动互联网的发展，学员的主体地位逐渐得以凸显。传统的企业培训模式已经落后，"集体上大课"的模式也逐渐被市场淘汰。讲师开始针对学员的特点而采取个性化的授课方式，使学员在灵活、主动、参与性强的课程中，提高自身的专业素质，获得更多的发展机会。

移动互联网时代，人们随时随地进行学习的设想得以实现，学员能够充分利用在地铁、公交，甚至就餐前的碎片化时间进行学习；同时，互联网的发展提高了讲师的曝光度，企业可以随时搜索培训机构的实力、讲师的专业素质等相关信息。

3.名师品牌效应增强

随着微博、微信等社交媒体的兴起，专业能力较强、业务素质较高的讲师开始脱离培训机构，成立个人工作室。而互联网的发展则为讲师提高自己的知名度提供了多种便捷的渠道，能够最大限度地挖掘用户资源。

企业在寻找培训机构时，由注重培训机构的知名度转为看中讲师的名气，甚至企业之所以与某些培训机构合作，是因为它的讲师很有知名度，或者企业抛开培训机构，直接与讲师洽谈。与讲师单独合作，不仅能够达到应有的培训效果，同时还能够降低培训成本。因此，培训机构也更加注重名师效应，从而抢占更多的用户资源。

4.大数据带来个性化的培训服务

当今时代，互联网和大数据的发展为我们获取数据、分析数据提供了方便。通过大数据，培训机构可以清楚地了解学员的需求，并有针对性地安排课程，以促进其职业生涯的发展。针对学员不同的个性特点，培训机构也制定了多样化的培训课程，以满足其长尾需求。

例如，云学堂推出岗位能力模型，利用大数据对学员的需求进行分析，并为其推荐符合其自身特点的课程；同时打破"讲师讲，学员听"的传统单一授课模式，而实施全员参与、双向互动的新型授课方式。又如，京东邀请各部门的骨干员工参与企业的微课开发。

（二）"移动互联网"时代企业培训模式发展方向

随着移动互联网的发展，社会逐渐朝着碎片化、信息化的方向发展。为了适应移动互联网下的时代特征，企业必须进行变革。只有充分利用移动互联网的优势，加大人才培养的力度，抓住用户的痛点，企业才能在激烈的市场竞争中生存下去。

"移动互联网+企业培训"模式的发展方向主要有以下几个方面：

1.移动化的员工培训

移动互联网的发展，使企业培训也朝着移动化、碎片化的方向发展，为企业培训提供了便捷的途径。

（1）传统的企业培训模式被淘汰，学员不需要参与大课堂式的培训，也无须专门抽出时间进行学习。他们可以在地铁、公交上学习，也可以利用就餐前的间隙进行学习，充分利用碎片化的时间来学习知识。

（2）企业能够降低培训的成本，通过移动在线方式进行培训，激发员工的学习热情和积极性。

2.微课程的开发要求和应用

针对移动化、碎片化的时代趋势，培训机构需要开发新的课程，如微课程。在移动互联网时代，冗长乏味的授课方式已不能适应学员灵活性、多样化的需求，即使利用互联网在线授课，也只是改变了形式。因此，培训机构需要严格把控授课的内容及质量，适应移动互联网时代的需求。其特征有以下几点：

（1）掌控授课时间，长度可为20~30分钟。在社会高速发展的今天，人们在上下班的路上要耗费大量时间，特别是大城市的堵车现象更为严重。而这时，人们可以利用手机、平板等移动设备学习20~30分钟的微课程，既利用了碎片化的时间，又学到了知识。

（2）严格把握授课内容。授课时间的缩减，并不意味着授课质量的缩水。培训机构可以提炼课程内容的精华，重点讲解知识点和重难点。

（3）完善学习效果。培训机构在录制视频时，可以采用分辨率较高的视频格式，并采用灵活多样的授课形式，使课程内容看起来丰富有趣，以达到较好的学习效果。

对于企业来说，微课程的开发对企业培训也是一项挑战。企业自身所具备的能力能否达到开发课程的要求，即使有能力开发，能否与岗位需求相匹配也是企业需要考虑的问题。

3.学习"红包"的激励作用

近几年，在春节期间，"抢红包"成为人们热议的话题，同时"抢红包"的流程也开始适应时代潮流，变得更新颖、时尚。人们充分利用移动互联网的优势，以在线支付的形式给朋友、亲人发红包，一改传统单一的形式。在这样的时代背景下，企业也开始将"红包"与培训相联系，以移动红包的形式激励员工学习的热情和主动性。

4.拓展企业宣传渠道

企业培训对企业的发展具有举足轻重的作用，培训不仅可以宣传企业的文化、品牌，增强员工对企业的认同感和归属感，同时企业也可以制定长远的发展规划。

在传统的企业培训模式时代，企业的官方网站、微博、内刊以及培训手册是企业宣传的媒介；但随着移动互联网时代的到来，企业宣传的渠道得以拓展，可以通过移动化的学习平台，向员工传播企业最新的发展动态、培训计划、培训课程资源等，从而方便员工随时随地查看、学习，将培训与工作融为一体。

总体看来，企业在设置培训课程时，需要真正考虑到自身的发展现状，培养岗位需要的人才，同时也满足员工提高自身业务能力的要求。因此，在进行培训之前，企业需要深入了解培训对象的潜在需求。只要做到了这些，不论问题有多复杂，企业都可以迎刃而解。

三、"互联网+"背景下企业学习模式

（一）新常态下人才培养模式

在移动互联网时代，市场格局发生变化，企业纷纷转型，资金资本与人力资本开始处于平等的位置。

企业在追求效益的同时，更关注人才的流动性；挖掘员工的潜能，发挥他们的才能成为企业关注的焦点。企业在追求人才"量"的同时，更关注人才的"质"的问题。此外，在人才的管理上，企业也由员工忠于企业转向忠于工作、忠于客户。员工不再是企业的附属品，而是作为一个独立的个体，成为社会的人力共享资源。

在这样的大背景下，企业必须进行人力资源管理的变革，建立以胜任素质模型、任职资格体系为核心的人才供应链。

处于时代转型之际，企业应加大人才培养的力度，拓展引进渠道，将外部资源与内部资源相结合，培养公司所需要的人才。在市场竞争中，人才伴随企业发展的始终，谁拥有了高端的人才，谁就获得了发展主动权。

新常态下人才培养模式主要有以下两个特征：

1.打破传统培训的局限性

虽然培训是企业发展人力资源的重要途径，但我国企业培训主要是以课程面授为主，以其他方式为辅。这种培训方式不但效果不明显，而且还存在着培训出来的优秀人才离职的现象，使企业遭受损失。因此，企业降低了培训的热情，甚至不再培训。

与此同时，培训部门需要兼顾多种事务，无法集中精力进行培训；而员工也认为传统的培训在工作上对他们没有太大的帮助，参与的积极性也比较低。这样的培训效果与企业进行培训的初衷相背离，其结果必然失败。

传统培训不仅没有促进企业发展，反而产生了负面效应。其原因是虽然在主观上，企业的出发点是为了促进企业和员工的共同发展，但是从客观上看，由于培训针对的是能力大小不一的全体员工，因此也就无法满足所有员工的需求，尤其是那些高素质的员工，他们需要的是专业性的辅导，同时培训的方式也比较僵化，不符合员工的学习特点，致使培训没有达到应有的效果。新常态下人才培养模式正是对传统培训模式的局限性的打破。

2.学习是新常态下人才培养的有效方式

从根本上来说，优秀的人才并不是培训出来的，而是通过其自身不断地学习摸索，及在日常工作中不断地实践，日积月累的。

培训只是学习的一部分，在新常态下，二者是有明显区分的。学习是通过阅读、听讲、观察、研究、实践等增长知识或技能。"70：20：10法则"（即戴尔公司提出的70%的员工通过工作经验来不断学习和提高，20%的员工通过辅导和指导提高自身，而另外10%的员工则进行正规学习）形象地说明了学习是增长知识和技能的主要途径。随着时代的进步及企业经营经验的丰富,越来越多的企业开始重视对人才的培养,尤其重视高质量的培训,而不再过于追求人数的众多、过程的完美及课堂气氛的热烈。

在雇佣关系的新常态下,员工的思维观念也发生了变化。他们在工作中投入极大的热情,会为了实现自我的价值而自主学习,在工作实践中更具责任心和使命感,善于将理论知识与实际相结合,这样具有自主能动性的员工更容易获得发展机会。企业有针对性地培养人才,而员工也主动学习,在两者的配合下,企业和员工都将获得发展。

当今,科学技术迅速发展,互联网普及程度加快,雇佣关系出现新常态,传统的培训方式已满足不了时代的需求。因此,企业必将进行人才培养的转型,由培训转向学习是时代发展的要求,也是企业实现发展的关键。

(二) 从培训到学习

从培训到学习意味着企业管理观念的变化,同时也是人力资源管理方式的更新。企业实现从培训到学习的跨越主要有以下几项措施:

1. 打造学习的企业文化

企业文化的更新是从培训到学习跨越的基础,这要求企业的高层管理者更新管理理念,用先进的管理思维促进员工的学习,为企业营造一个和谐的氛围。

高层管理者要率先垂范,为员工做榜样,并完善相关的体制机制,从制度、用人政策、利益分配等方面培养员工的学习热情和积极性,在全公司营造热爱学习的良好氛围;反之,如果员工在企业不劳而获,那么这样的企业也不必向学习转型。

2. 建立学习体系

建立学习体系能够保证员工顺利学习,并达到预期的效果。因此,企业需要结合自身特点制定符合自身要求的、简单易行的体系。

在移动互联网时代,企业要充分发挥互联网的优势,利用好互联网学习管理平台。管理人员要从制度、政策、跨部门合作等方面对员工予以支持,为其提供充足的学习资源,提高学习效率。

3. 用技术支撑学习

学习不同于培训的特别之处在于,它能适应互联网时代的要求,善于发挥互联网的优势,使企业在从培训到学习的跨越上拥有强大的技术基础,而企业依据自身特点,制订合理的学习计划将会使学习过程充满活力,员工的学习结果令人满意。同时,企业对学习的管理也能更具针对性。

利用互联网、大数据等的优势，企业可以准确地分析数据，更好地改善学习过程中出现的问题，管理者有重点地处理问题，将精力放在最重要的事情上。此外，企业也可以通过科技创新，研发自己的学习平台。

4.采取激励手段

将学习平台与管理系统打通，从公司制度上激励和监督员工学习，员工的学习成果直接关系到他的绩效。虽然学习有助于提高员工的工作技能，为其提供更多的发展机会，但需要企业采取一定的激励手段，在精神上鼓励员工学习，在管理上建设热爱学习的企业文化。

5.建立知识管理

虽然外部的学习平台及知识库为企业学习提供了丰富的资源，但是外部课程的设计形式并不一定适合企业自身的特点。因此，企业需要建立自己的知识库，管理好知识。

在雇佣关系的新常态下，人才的流动性大已是不可避免的趋势，企业能做的就是人才可以流动，但知识不可以流失。例如，有的企业将传承文化、提升能力、萃取知识资产作为发展的重点。

6.提高内部学习内容研发和授课的能力

企业在从培训向学习的转型过程中，需要提高内部学习内容研发和授课的能力。对于企业内部学习来说，学习的内容是难点，如何安排学习的重点以培养众多的专业人才是目前困扰企业的主要问题，并且这样的问题是外部学习难以解决的。这需要企业结合自身的特点不断摸索创新，探索出一个适合自身发展的内部学习方法。

企业可以利用多种手段获取最前沿的知识，建立自己的知识库，培养高素质的讲师，并通过讲师来辅助员工学习，提高全体员工的业务能力。学习部门和业务部门更好地配合，以促进企业的发展。

7.学习管理部门需要业务骨干

学习不仅能提高员工个人的素质，同时还能够促进企业的发展。然而，对于大多数企业来说，其学习部门并不能准确地抓住学习的重点，以至于学习的内容与业务要求并不十分匹配。

因此，企业亟须引进骨干型的专业人才，提高学习管理的水平，促进学习内容与业务要求的有机融合。

8.充分利用互联网产品实现泛在学习

泛在学习（U-Learning），又名无缝学习、普适学习、无处不在的学习等。顾名思义，泛在学习就是指每时每刻地沟通,无处不在地学习,这是一种任何人可以在任何地方、任何时刻获取所需的任何信息的方式。互联网的发展使泛在学习无处不在,企业的学习就属于泛在学习,课堂培训、企业在线学习、师徒制、研讨会、案例分析、轮岗等都是企业学习的形式。同时,企业也可以借助互联网提供的开放性平台进行在线学习,或者利用学习 App、微信、微博、QQ 群等工具进行学习。

在移动互联网时代,善于利用互联网技术学习也是员工必备的技能之一。互联网快速地将世界各地的学习资源汇集到一起,并能根据用户的浏览记录为其推荐相关的信息,在节省时间的同时,又提高了学习效率。此外,互联网的发展也为缺乏资源的中小型企业的学习提供了便捷的途径。

无论企业对从培训到学习持何种态度,这都将是在雇佣关系新常态下企业的必然选择,也是行业发展不可逆转的趋势。从培训到学习的跨越能够完善企业的人力资源管理,为企业提供源源不断的专业人才,丰富企业的人才结构链。

在当今时代,企业必须尽自己最大的努力才能获得相应的回报,因此在从培训到学习的跨越过程中,企业须投入大量的人力、物力和财力;而员工则须充分利用企业提供的良好学习环境,主动学习,提高自身的专业技能,从而获得更多的发展机会。员工需要明白,企业没有义务去为员工的成长负责。企业所扮演的角色是选拔者而非培训者,这也是未来的发展趋势。

(三)移动学习

1. 移动学习辅助培训的三大特征

(1)员工培训涵盖工作生活的每一天

员工在每天上班之前,可以通过移动终端了解公司的最新新闻,接收到公司的培训计划,对一天的学习流程有个大致的了解。在完成课程之后,员工可以通过共享学习平台分享自己的学习心得并与其他员工互动。

(2)实现在线闭环式管理

移动学习可以使企业建立更加有效的封闭式管理。管理者在对员工安排培训项目之前,先了解员工的需求,然后根据需求制订相应的培训计划和确定培训内容。在培训的过程中,管理者应实时追踪圈子内的数据动态,以便了解学员的学习情况,从而对培训及时作出相应调整,有的放矢,根据实际情况调整培训周期。

培训完成之后,管理者再对全体学员整体的学习情况进行在线评估,分析培训过程中出现的问题,从而为下一阶段的培训计划做好准备。

(3)培训效果通过大数据显性化呈现

管理者可以把员工进行在线学习时的学习成绩,通过后台大数据的分析,挖掘出最有潜力的员工;还可以通过分析员工的绩效成长曲线,来帮助他们找出工作中出现的主要问题;也可以通过分析教育培训管控面板,确定整体学员的学习情况。

2.移动学习模式打造方法

(1)学习步调自主化

由于教育背景、学习能力、性格爱好等不同,应届毕业生对新事物的接受能力也不尽相同,个人素质也存在差异。企业可以得到合适的员工,员工也可以根据自己的情况进行个性化的学习。

移动学习就是一个很好的个性化学习的办法。通过移动设备,员工可以随时随地进行学习,更重要的是可以将学习路径前置,从而根据自身实际的学习情况安排学习进度。

(2)学习内容"微课"化

企业在对应届毕业生进行培训时,内容很多,也很分散,如知识类、管理类、技能类等。如果把这些内容都放在一起集中培训,会造成大量时间的浪费。如果借助移动学习平台,企业可以把其中一部分内容"微课"化,然后员工就可以利用碎片化时间,在平台上自主学习;通用类的课程,则可以安排集中培训。

(3)交互反馈社区化

相对单一化的传统培训模式无法对学员的学习情况进行及时有效的监督,而社区化的交流学习模式可以让员工积极参与、自由讨论、相互学习、及时反馈。

(4)过程管理显性化

传统的培训模式将培训管理与业务管理分离开来,而移动学习平台可以将二者联系起来。企业使用移动平台之后,各层级人员都可以积极参与到企业的管理,通过各层管理人员的管控,可以有效建立培训体系。

3.制定完整的线上线下结合的培养流程

基于上述对移动学习模式的分析,可以根据员工的学习进度制定相对完整的线上线下相结合模式的培养流程。

第一阶段:新员工培训前置。

在员工入职之前,通过移动学习平台向他们推送公司的相关制度。员工借助该平台了解、学习有关企业的制度规范等。

具体做法有以下几点：

（1）塑造文化氛围。在员工入职前，企业应给他们开通学习平台账号，以便员工通过移动学习平台提前了解入职报到流程及企业的相关规定，从而尽早融入企业的文化氛围。

（2）掌握工作基础知识。员工在入职前，要对自己的工作内容有一定的了解，对企业的整体工作流程有一定把握，并养成自主学习的习惯。

（3）提前进入职场角色。员工入职后的第一件事是培训，所以提前了解企业对员工的培养计划和培训内容，可以帮助员工尽快进入职场角色，为以后的工作打好基础。

第二阶段：结合员工心理动态，控制学习节奏。

员工初入职场，管理者在对员工进行培训时，应尽可能地从他们的角度出发，让他们在一个轻松自由的环境中学习。

具体做法如下：

（1）成长路径。提前向新员工提供他们的成长路径图以及课程体系，让他们在以后的学习过程中做好准备工作，并鼓励他们充分利用碎片化时间学习。

（2）沟通机制。企业与员工保持沟通，通过交流把握他们的心理变化，通过提问、小组交流、知识传授等方式，积极调动员工学习的积极性，并对他们提出的问题及时解答。

第三阶段：注重工作标准，借助氛围塑造，实现员工自我转变，通过打造社区化学习圈子，营造浓厚的学习氛围，从而提高员工学习的积极性。

具体做法如下：

（1）职业定位。职位发展进一步细化，从而可以培养更加专业的人才。

（2）塑造自发学习氛围。通过社区化学习，员工之间可以相互交流、分享、评价，形成浓厚的学习氛围。

（3）改进计划。通过及时调整计划，可以有利于员工加快学习进度。

第四阶段：搭建完整的成长路径，实现知识、培养、成长的沉淀与拓展。

员工之间通过移动平台进行知识分享，共同学习、进步、成长，让员工的学习生活变得更加有活力，更加丰富多彩。

具体做法如下：

（1）成长路径。实时跟踪新员工的成长状况，并及时给予其正确的指导，积极发挥其主动性，促进员工的成长。

（2）知识沉淀。通过将名师讲解、案例分析、培训内容都以"微课化"的形式展现在员工面前,让员工利用碎片化时间进行有效的学习。

（3）岗位匹配。让新员工掌握岗位的标准规范和工作流程,并尽可能地使员工的工作内容丰富化;让员工掌握更多的知识和技能,从而培养员工的工作兴趣。

整个阶段将知识沉淀、文化塑造等隐性内容贯穿到整个培训体系中。

（1）知识沉淀。通过共享平台,员工之间可以交流、分享自己的心得体会,同时还要记录员工的学习成长过程,创建员工成长历程档案。

（2）文化塑造。员工可以将自己的特长展示给大家,并通过兴趣爱好结识志趣相投的培训伙伴,还可以通过美食、旅游等相互结识。

移动学习平台作为员工之间相互交流、共同学习的一种工具,如何充分利用该平台,实现员工的快速成长,满足企业对各种人才的需求,这才是最关键的。

第四章　基于创新理念下的薪酬体系设计与绩效管理

第一节　薪酬体系设计概念

一、薪酬体系概述

（一）薪酬体系的构成

在现代人力资源管理中，广义的薪酬体系包括主观报酬和客观报酬两个部分。主观报酬是员工从工作本身得到的报酬，这是对自己的工作比较满意的结果。组织可以通过各种方法，如丰富工作内容和形式，或重新设计工作等，来增强员工在工作中的自我价值感，进而使个体获得较多的主观报酬。主观报酬包括参与公司的重要决策、承担更多的责任、获得成长的机会、适当的工作自由和权限、对工作的兴趣等。

客观报酬包括直接报酬、间接报酬和非金钱性报酬。其中，直接报酬主要包括基础工资、绩效工资、奖金、股权、红利、各种津贴等；间接报酬包括保险、非工作日工资、服务和额外津贴；非金钱性报酬包括满意的办公设备、满意的午餐时间、满意的工作分工等，虽然它们不直接表现为金钱的形式，但实质上是金钱或金钱所带来的优惠。

狭义上的薪酬体系是指企业根据其成员所做的贡献（包括实现的绩效、付出的努力与时间、学识、技能、经验与创造）所付给的相应的回报、答谢或奖赏，大体可以分为工资、奖金、津贴和福利等几个方面。

（二）薪酬水平

所谓薪酬水平是指从某个角度按某种标准考察的某一领域内员工薪酬的高低程度。

例如，考察工资水平，从广义上来讲，薪酬水平是指在一定时间内员工平均工资的高低程度，按不同的范围，可划分为全国、地区、行业、企业、部门的工资水平；按工资特点和职业类别，可划分为各种职业、工种的工资水平；按劳动者本身条件可划分为不同性别、不同文化程度、不同工作年限的工资水平；按不同时间可划分为不同时期、不同年份的工资水平等。

衡量薪酬水平的高低可以用三个指标：平均薪酬、薪酬平均率、增薪幅度。

平均薪酬公式：平均薪酬＝该单位（或企业）薪酬总额/该单位（或企业）员工人数

平均薪酬可分国家、地区、企业、部门分别考察，考察哪个单位（或企业）就用这个单位（或企业）的薪酬总额与员工人数相比较，其比值就是平均薪酬。

薪酬平均率公式：薪酬平均率＝实际平均薪酬/薪酬幅度的中间数

薪酬平均率的数值越接近1，则实际平均薪酬越接近于薪酬幅度的中间数，薪酬水平越理想；当薪酬平均率等于1时，说明用人单位所支付的薪酬总额符合平均趋势；若薪酬平均率大于1，表示用人单位支付的薪酬总额过高；若薪酬平均率小于1，表示用人单位实际支付的薪酬数目较薪酬幅度的中间数要小。利用薪酬平均率指标可以衡量组织支付的薪酬标准，从而控制组织的总支出。

增薪幅度公式：增薪幅度＝本年度的平均薪酬水平－上一年度的平均薪酬水平

增薪幅度是指组织的全体员工的平均薪酬水平增长的数额。增薪幅度越大，说明组织的总体人工成本增长得越快，因此要注意将其控制在组织所能承担的范围内。如果增薪幅度过小，说明组织的总体薪酬水平比较稳定，人工成本变化小；但增薪幅度过小也可能意味着，该组织是一个处于停滞状态中的组织，其仅是维持了生存而没有发展。

二、薪酬管理的重要性

科学而有效的薪酬管理具有重要的意义和作用，具体表现在以下几个方面：

（一）可以吸引和留住人才

在目前的市场经济中，薪酬无疑是吸引和留住人才的有效工具，但这并不是说，工资越高越能吸引人才、留住人才。科学而合理的薪酬体系是吸引和留住更多人才的必要条件。

（二）可以激励人才

科学而合理的薪酬体系是使每个员工自觉地为实现企业目标而努力工作的有效激励手段。薪酬的高低决定了人们物质生活条件的好坏，同时薪酬的高低在组织外部可以显示一个人社会地位的高低。薪酬是全面满足员工多种需要的经济基础。因此，正常合理的薪酬分配，有助于调动员工的积极性；反之，则影响员工积极性的发挥，薪酬的激励作用也将丧失。

（三）具有调节功能

薪酬的差异可以促进人力资源的合理流动和配置。人们总是在物质利益的驱动下愿意到薪酬高、环境好的地方（地区、企业、部门）就业。因此，对国家来说，可以通过薪酬调节，引导劳动者向合理的方向流动，从而实现劳动力资源的合理配置；对于企业来说，企业可以通过调整内部薪酬水平来引导内部的人员流动，对外则可以利用薪酬的差异来吸引急需的人才或人力。

（四）具有凝聚功能

企业制定公平合理的薪酬可以激发员工的工作积极性，使员工体会到自身被关心和自我价值被认可，从而增加其对企业的情感依恋，自觉地与企业同甘共苦，为自身的发展与企业目标的实现而努力工作。

（五）可以满足个体和组织的需要

企业的基本目标是以较低的成本来获取合理的利润。一个优秀的薪酬体系应该既能满足员工生理、心理上的需要，又能满足组织获取最大经济效益和社会效益并不断发展的需要。

三、薪酬体系设计和管理的原则

一般说来，薪酬体系设计和薪酬管理要注意以下原则：

（一）合法性原则

薪酬体系设计与管理必须符合国家和地区相关劳动法律法规。

（二）公平性原则

薪酬体系要公平，要使员工认识到人人平等，只要在相同岗位上做出相同的业绩，那么他们将获得相同的薪酬。公平性原则包括两个方面的要求：一是外部公平，即企业的薪酬水平与劳动力市场中的薪酬水平相当；二是内部公平，即同一企业中每人所得工资与其他人所得到的工资相比，应该是公平合理的。

（三）适度性原则

适度性是指薪酬体系要有上限和下限，它应在一个适当的区间内波动。

（四）相对稳定性原则

相对稳定性是指薪酬体系要使员工感到稳定和安全，不能经常变动。一些重要内容变动更要慎重。

（五）认可性原则

薪酬体系是由企业管理层制定的，但应该得到大多数员工认可，这样才会起到更好的激励作用。

（六）平衡性原则

薪酬体系的各个方面要平衡，如不能只注重金钱奖励而忽视非金钱奖励。

（七）激励性原则

薪酬是激励员工的重要手段。良好的薪酬体系设计应该遵循激励性原则。

四、薪酬体系设计的目标

薪酬体系表明了企业重视什么和准备为了什么而付薪酬。企业在每件事情中去奖赏正确的行为使员工得到正确的信息，这是构建薪酬体系的基础。

（一）整体目标

薪酬体系设计的整体目标是保证企业拥有符合企业经营、发展需要的员工来确保企业战略目标和短期目标的达成。

（二）具体目标

从企业的观点来看，薪酬体系设计的具体目标有以下几项：

（1）在企业价值观、员工绩效的期望中起重要作用。

（2）鼓励那些有助于达到企业目标的行为。

（3）巩固企业文化、促进长期发展、实现结构变革。

（4）支持企业在提高质量、关心客户、开展团队工作、促进企业革新、增强市场反应能力和适应性，以及反应速度等方面的关键价值的实现。

（三）薪酬目标的达成

有人认为，要达到上述薪酬目标，企业薪酬政策的实行应该是"内部平等而外部竞争"。就这句话本身而言是完全正确的，但这个目标是不易达到的，其主要是因为内部公平和外部竞争二者难以协调。当企业不得不聘用某些具有特殊才能的人才时，市场的压力迫使企业不能考虑内部平等。实行竞争策略性的观点认为，达到竞争性工资应该持续地提供一定水平的工作质量、生产力或绩效等，这些必须能够证明工资水平反映了期望中的合理的绩效。也就是说，竞争性工资应该与竞争性绩效相关联。

第二节　激励机制管理与福利计划

一、激励机制及其分类

激励机制，是指组织系统中，激励主体通过激励因素或激励手段与激励客体之间相互作用的关系的总和，也就是指企业激励内在关系结构、运行力和发展演变规律的总和。激励机制所包含的内容极其广泛，既有外部激励机制，又有内部激励机制。

外部激励机制是指消费者、履行社会管理职能的政府、社区公众等对企业的激励。内部激励机制是指对企业成员包括经营者和职工的激励。

内部激励通常分为物质激励和精神激励两种。物质激励是世界各国企业普遍采用的一种激励手段。所谓物质奖励,是企业以经济手段如工资、奖金、福利待遇等,来激发职工的物质动力;所谓精神激励,是企业以授予某种具有象征意义的符号,或对职工的行为方式和价值观念给予认可、赞赏等作为激励手段,如职称的晋升、荣誉称号的授予、劳动成果的评价以及对职工的信任、尊重等,以此激发职工的精神动力。

二、我国企业物质奖励制度的现状

(一)我国企业工资制度的现状

我国的企业工资,是国家或企业按照职工向社会提供的劳动量(扣除他为社会劳动的部分),以货币形式支付给职工的劳动报酬。它是实现按劳分配的一种形式,体现着职工之间以及职工与国家、职工与企业之间在根本利益一致基础上的、平等的、有差别的一种物质利益关系,这是一种为实现按劳分配原则而制定的企业劳动报酬制度。

目前,我国已初步确立了市场机制决定、企业自主分配、国家宏观调控的企业工资制度。完善、合理的企业工资制度,能够激励职工勤奋学习、诚实劳动,努力提高自己的劳动技能,充分发挥自己的劳动积极性和创造性。

(二)我国企业奖金制度的现状

我国企业实行的奖金制度,始于1950年开展的创造纪录奖、竞赛奖、无事故奖、节约燃料奖等单项奖,并在第一次工资改革后,逐步建立并发展起来。企业在奖金发放方面拥有一定的自主权。企业职工的奖金按发放时间分,可分为月度奖、季度奖、半年奖和年终奖等。按奖励的条件分,可分为单项奖和综合奖;单项奖就是职工超额完成某项生产经营指标所获得的奖金,综合奖是职工根据多项指标的综合完成情况所获得的奖金。

由于奖金制度能够比较及时、准确地反映每个职工向社会提供的实际劳动量的变化情况,可以把劳动报酬与劳动成果更直接地联系起来,因而它可以起到工资制度所不能起的作用,是工资制度不可缺少的一种补充。

合理的企业奖金制度,在调动职工劳动积极性、加强劳动纪律、提高产品质量、降低原材料消耗、加快产品的升级换代、开展技术革新和技术革命、提高劳动生产率、改善企业经营管理等方面,都能够起到积极的促进作用。

（三）我国企业职工福利制度的现状

我国企业职工福利制度实际上是对职工工资的一种补充形式。目前，我国企业职工福利制度所包含的主要内容有以下几点：

一是改善职工生活的项目。其宗旨是减轻职工生活负担和家务劳动，提供各种生活上的便利条件，解决职工的后顾之忧。

二是丰富职工文化生活的项目。其主要内容是活跃并丰富职工的文化生活，提供各种文体设施，开展各种文化娱乐活动。

三是提供生活补贴及其他福利性的项目。其主要内容是满足职工的不同需要，减轻其生活费用开支，解决职工及其家属的生活困难问题，提供各种生活补贴及其他福利性项目。

三、福利计划

很多企业往往只重视薪酬体系中的工资、奖金、津贴等部分，实际上薪酬结构的各个部分在人力资源管理中都能发挥其重要的作用。好的福利体系往往也能提高企业人力资源的管理水平。因此，福利计划是人力资源薪酬管理中非常重要的一个环节。

（一）员工福利体系

员工基本福利是福利体系重要构成之一，由于它是政府规定的福利，因此员工基本福利又称为"法定福利"。它主要包括社会基本保险、职工住房公积金、法定休假福利等。目前。我国法定的社会基本保险包括以下五个方面：

1.养老保险

养老保险是社会保障制度的重要组成部分，是社会保险五大险种中最重要的险种之一。所谓养老保险（或养老保险制度），是国家和社会根据一定的法律与法规，为解决劳动者在达到国家规定的解除劳动义务的劳动年龄界限，或因年老丧失劳动能力退出劳动岗位后的基本生活而建立的一种社会保险制度。

2.医疗保险

医疗保险就是当人们生病或受到伤害后，由国家或社会给予的一种物质帮助，即提供医疗服务或经济补偿的一种社会保障制度。基本医疗保险具有社会保险的强制性、互济性、社会性等基本特征。因此，医疗保险制度通常由国家立法，强制实施，建立基金制度，费用由用人单位和个人共同缴纳。医疗保险费由医疗保险机构支付，以解决劳动者因患病或受伤害而带来的医疗风险。

3.失业保险

失业保险是指国家通过立法强制实行的，由社会集中建立基金，对因失业而暂时中断生活来源的劳动者提供物质帮助的制度。它是社会保障体系的重要组成部分，是社会保险的主要项目之一。

失业保险具有如下几个主要特点：一是普遍性，它主要是为了保障有工资收入的劳动者失业后的基本生活而建立的，其覆盖范围包括劳动力队伍中的大部分成员。二是强制性，它是通过国家制定法律、法规来强制实施的。根据有关规定，不履行缴费义务的单位和个人都应当承担相应的法律责任。三是互济性，失业保险基金主要为社会筹集，由个人、单位和国家三方共同负担，缴费比例、缴费方式相对稳定；筹集的失业保险费，不分来源渠道，不分缴费单位的性质，全部并入失业保险基金，在统筹地区内统一调度使用以发挥互济功能。

4.工伤保险

工伤保险是社会保险制度中的重要组成部分，是指国家和社会为在生产、工作中遭受事故伤害和患职业性疾病的劳动者及其亲属提供医疗救治、生活保障、经济补偿、医疗和职业康复等物质帮助的一种社会保障制度。工伤即职业伤害所造成的直接后果是伤害到职工生命健康，并由此造成职工及其家庭成员的精神痛苦和经济损失，也就是说劳动者的生命健康权、生存权和劳动权利受到影响、损害甚至被剥夺。劳动者在其单位工作、劳动，必然形成劳动者和用人单位之间相互的劳动关系，在劳动过程中，用人单位除支付劳动者工资待遇外，如果不幸发生了事故，造成劳动者的伤残、死亡或患职业性疾病，此时劳动者就自然具有享受工伤保险的权利。劳动者的这种权利是由国家宪法和劳动法给予根本保障的。

5.生育保险

生育保险是通过国家立法规定，在劳动者因生育子女而导致劳动力暂时中断时，由国家和社会及时给予物质帮助的一项社会保险制度。我国生育保险待遇主要包括两项：一是生育补贴，用于保障女职工产假期间的基本生活需要；二是生育医疗待遇，用于保障女职工怀孕、分娩期间以及职工实施节育手术时的基本医疗保健需要。

我国生育保险工作的实践证明，在市场经济条件下，实行生育费用社会统筹和社会化管理服务，对于均衡企业负担、改善妇女就业环境、切实保障女职工生育期间的基本权益,有着重要作用。同时,对计划生育、优生优育等工作也产生了积极影响。

(二)福利计划的含义

福利计划是在福利分析的基础上对公司所要选择的福利项目(主要指补充福利)进行前瞻性思考后制订的计划,它包含了福利项目选择及福利预算两个方面的重要内容。一般来说,基本福利(法定福利)是不需要单独计划的,因为它本身就是强制性的、以国家法律形式规定的福利,企业必须执行,否则就是违反法律和政策。因此,人们所说的福利计划往往是指补充福利的计划。

福利项目选择往往取决于前期的福利调查与分析是否与员工进行了充分的沟通,在企业内部,企业的福利项目的最终确定需要经过一定的决策流程。在福利项目进行选择时,福利计划人员要擅长借鉴市场的一般经验并能紧密把握员工的需求。在完成流程决策、审批后,福利计划人员需要进行福利预算。福利预算借鉴财务预算的方法进行。

福利计划的结果是编制完成后的福利计划表,它将帮助人力资源管理人员对各项目福利的内容、推进时间、享受条件等因素进行前瞻性的思考。

应当指出,上文所列的福利仅仅是一些相对比较常见的福利项目。福利市场还有很多福利可供企业借鉴,一些企业还启动"自助式福利计划"(也有称之为"综合福利计划")。其做法是由企业提供一份供员工选择的福利清单,让员工自己选择,各取所需。这种福利模式允许员工在一定范围内,在企业指定的多项福利计划中进行选择,具有一定的灵活性,使员工更有自主权。自助式福利的优点是:对员工来说,其可以根据自己的实际需要,选择对自己最有利的福利,这对员工具有更好的激励作用;对企业来说,自助式福利通常会在每个福利项目中标明其金额,从而使员工了解每项福利的价值,让员工有所珍惜,有助于企业管理工作和成本控制;自助式福利有利于吸引优秀人才,降低员工的离职率。自助式福利计划的缺点:自助式福利的计划比较复杂,增加了承办人的负担,也会增加行政费用;自助式福利会使企业成本上升;部分员工在选择福利项目时,因没有仔细了解该项目的内容,结果选择了对其不实用的项目而造成资源浪费等。

第三节 绩效管理概述

一、绩效的含义

随着管理实践的不断拓展和深入,人们对绩效概念的认识也在不断变化。在不同的学科领域、不同的组织以及不同的发展阶段,人们对绩效有不同的理解。但不论是组织还是个人,都应该以系统和发展的眼光来认识并理解绩效的概念。如果不能明确界定绩效的概念,就不能有效地对其进行评价和管理。因此,作为绩效管理的基础,对绩效的概念进行确切的定义和深入的理解是至关重要的。

一般意义上,绩效指的是工作的效果和效率。组织通常由若干个群体组成,而群体又由员工组成。对应不同层面的工作活动主体,相应地也就产生了不同层面的绩效。简而言之,绩效是组织期望的为实现其目标而展现在不同层面上的能够被组织评价的工作行为及其结果。对应英文的"Performance",中文除了"绩效",还有"业绩""实绩,效绩"等相近或相似词汇来表达。但这些概念,使用领域比较狭窄,或意思表达不够完整、准确。而"绩效"能够更完整、准确地反映工作活动的结果和导致结果的工作活动过程。因此,其为国内的学者和管理者所广泛接受。

关于绩效的含义,学者们提出过各种不同的看法,概括起来主要有三种典型的观点:第一种观点认为绩效是结果;第二种观点认为绩效是行为;第三种观点则认为绩效是行为和结果的统一体。

需要明确的是,绩效是分层次的。按照被衡量行为主体的多样性,绩效可以从组织架构层次角度划分为组织绩效、群体绩效和个人绩效。组织绩效是组织的整体绩效,指的是组织任务在数量、质量及效率等方面的完成情况。群体绩效是组织中以团队或部门为单位的绩效,是群体任务在数量、质量及效率等方面的完成情况。尽管组织绩效、群体绩效和个人绩效有所差异,但是三者又密切相关。组织绩效、群体绩效是通过个人绩效实现的,离开个人绩效,也就无所谓组织绩效和群体绩效。从绩效评价的角度看,脱离了组织绩效和群体绩效的个人绩效评价是毫无意义的,个人绩效需要通过组织绩效和群体绩效来体现。因此,组织绩效管理的最终落脚点在于对员工个人绩效的管理。

无论是"绩效结果观"还是"绩效行为观"都有其局限性。如果把绩效作为结果，则会导致行为过程缺乏有效监控和正确引导，不利于团队合作、组织协同及资源的合理配置；如果把绩效作为行为，则容易导致行为短期化，员工拘泥于具体工作，缺乏长远规划，使预期结果难以实现。因此，"绩效结果观"和"绩效行为观"都无法全面、完整、准确地描述绩效的内涵。而在实际的管理实践中，绩效更强调一个工作活动的过程及其结果。也就是说，个人绩效包括了工作行为及其结果。当人们对绩效进行评价时，不仅要考虑投入（行为），也要考虑产出（结果）。更多的学者提出，应当采用更为宽泛的概念来界定个人绩效，将个人绩效定义为"行为与结果的统一"更为恰当。因此，本书将个人绩效定义为个体所表现出的、能够被评价的、与组织及群体目标相关的工作行为及其结果。该定义一方面强调了与组织目标相关的工作活动的结果，突出了结果导向；另一方面，体现了个体所表现出的促使结果达成的工作行为及过程。事实上，在管理实践当中的员工个人绩效是那些经过评价的工作行为及其结果，因此这一概念更加符合管理者实际工作的需要。

二、绩效的性质

为了更深入地理解绩效的概念，必须同时理解和掌握绩效的性质。根据绩效的定义，绩效具有多因性、多维性和动态性等三个性质，这些性质与绩效的概念、绩效评价以及绩效管理过程是密切相关的。

（一）多因性

绩效的多因性是指绩效的优劣并不由单一因素决定，而是受组织内外的因素的影响。影响绩效的内部因素主要包括组织战略、组织文化、组织架构、技术水平以及管理者领导风格等。但并不是所有影响因素的作用都是一致的，在不同情景下，各种因素对绩效的影响作用各不相同。在分析绩效差距时，只有充分研究各种可能的影响因素，才能够抓住影响绩效的关键因素，从而对症下药，更有效地对绩效进行管理，促进绩效水平的持续改进。

（二）多维性

绩效的多维性指的是评价主体需要从多维度、多角度地去分析和评价绩效。对于组织绩效，布雷德拉普认为组织绩效应当包括三个方面，即有效性、效率性和变革性。有效性指达成预期目的的程度；效率性指组织使用资源的投入产出状况；而变革性则指组织应对未来变革的准备程度。这三个方面相互结合，最终决定一个组织的竞争力。对员工个人绩效，在对其进行评价时，通常需要综合考虑员工的工作结果和工作态度两个方面。对工作结果，企业可以通过对工作完成的数量、质量、效率以及成本等指标进行评价。对工作态度，企业可以通过全局意识、纪律意识、服从意识以及协作精神等评价指标来衡量。根据评价结果的不同用途，可以选择不同的评价维度和评价指标，并根据期望目标与实际值之间的绩效差距设定具体的目标值和相应的权重。

（三）动态性

绩效的第三个特征是动态性。员工的绩效会随着时间的推移发生变化，原来较差的绩效有可能好转，而原来较好的绩效也可能变差。因此，在确定绩效评价和绩效管理的周期时，应充分考虑绩效的动态性特征，具体情况具体分析，从而确定恰当的绩效周期，保证组织能够根据评价的目的及时、充分地掌握组织不同层面的绩效情况，减少不必要的管理成本。此外，在不同的环境下，组织对绩效不同内容的关注程度也是不同的，有时侧重于效率，有时侧重于效果，有时则兼顾多个方面。

三、影响绩效的主要因素与绩效诊断

（一）影响绩效的主要因素

绩效具有多因性，影响绩效的因素是多方面的。影响绩效的主要因素可以概括为以下四个方面：

1. 技能

技能指的是员工的工作技巧和能力水平。一般来说，影响员工技能的主要因素有天赋、智力、经历、教育、培训等。因此，员工的技能不是一成不变的，组织可以通过各种方式来提高员工的整体技能水平。一方面，可以为员工提供满足其工作所需的个性化培训或通过员工自身主动的学习来提高其工作技能；另一方面，员工技能的提高可以加速组织技术水平的提升，从而对组织绩效产生积极的影响。

2. 激励

激励作为影响绩效的因素，是通过提高员工的工作积极性来发挥作用的。为了使激励手段能够真正发挥作用，组织应根据员工个人的需求结构、个性等因素，选择适当的激励手段和方式。

3.环境

影响工作绩效的环境因素可以分为组织内部的环境因素和组织外部的环境因素两类。组织内部的环境因素一般包括劳动场所的布局和物理条件，工作设计的质量及工作任务的性质，工具、设备以及原材料的供应，公司的组织结构和政策，工资福利水平，培训机会，企业文化和组织气氛等。组织外部的环境因素包括社会政治、经济状况、市场的竞争强度等。不论是组织内部的环境因素还是组织外部的环境因素，都会通过影响员工的工作行为和工作态度来影响员工的绩效。

4.机会

与前面三种影响因素相比，机会是一种偶然性因素。机会能够促进组织的创新和变革，给予员工学习、成长和发展的有利环境。在特定的情况下，员工如果能够得到机会去完成特定的工作任务，可能会使其达到在原有职位上无法实现的工作绩效。在机会的促使下，组织可以拓展新的发展领域，加速组织绩效的提升。因此，无论是对组织还是个人，机会对绩效的影响都是至关重要的。

（二）绩效诊断

所谓绩效诊断，是指管理者通过绩效评价，判断组织不同层面的绩效水平，识别低绩效的征兆，探寻导致低绩效的原因，找出可能妨碍评价对象实现绩效目标的问题所在。对低绩效员工可以从以下三个角度进行绩效诊断：一是员工个人的因素，包括知识、技能和态度等，具体可能表现为从事工作所需要的知识和技能不足，缺乏工作动机，工作积极性不高等；二是管理者的因素，如指令不清楚，目标不明确，缺乏必要的指导等；三是环境因素，比如战略不清晰，流程不顺畅，文化冲突等。绩效诊断对于组织而言非常重要，可及时发现问题并采取相应措施，在改进员工个人绩效的同时，促进群体和组织绩效水平的提高，从而持续提高整个组织的人力资源素质、增强组织的核心竞争力。因此，绩效诊断对于组织中的各级管理者来说，既是必备的技能，更是应负的责任。

四、绩效管理

（一）绩效管理的含义

绩效管理是指制定员工的绩效目标并收集与绩效有关的信息，定期对员工的绩效目标完成情况作出评价和反馈，以确保员工的工作活动和工作产出与组织保持一致，进而保证组织目标完成的管理手段与过程。

在现实生活中，人们对绩效管理存在着许多片面的甚至错误的看法。要想完整、准确地理解绩效管理的含义，需要很好地把握绩效管理各方面的内容。

（二）绩效管理的内容

完整意义上的绩效管理的内容包括绩效计划、绩效跟进、绩效考核和绩效反馈四个部分组成的一个系统。

1. 绩效计划

绩效计划是整个绩效管理系统的起点，它是指在绩效周期开始时，由上级和员工一起就绩效考核期内的绩效目标、绩效过程和绩效手段等进行讨论并达成一致。绩效计划是对整个绩效管理过程的指导和规划，并不是只在绩效周期开始时才进行的，实际上它会随着绩效周期的推进而不断地加以改正。

2. 绩效跟进

绩效跟进又叫绩效监控，它是指在整个绩效周期内，管理者与员工通过持续沟通，采取有效的方式对员工的行为及绩效目标的实施情况进行监控，并提供必要的工作指导与工作支持的过程。

3. 绩效考核

绩效考核是指确定一定的考核主体，借助一定的考核方法，对员工的工作绩效作出评价。

4. 绩效反馈

绩效反馈是指绩效周期结束时在上级和员工之间进行绩效考核面谈，由上级将考核结果告诉员工，指出员工在工作中存在的不足，并和员工一起制订绩效改进的计划。绩效反馈的过程在很大程度上决定了组织实现绩效管理目的的程度。

（三）绩效管理的目的

绩效管理的目的主要体现在三个方面：战略、管理与开发。绩效管理能够把员工的努力与组织的战略目标联系在一起，通过提高员工的个人绩效来提高企业整体绩效，从而实现组织战略目标，这是绩效管理的战略目的。通过绩效管理，可以对员工的行为和绩效进行评估，以便适时给予其相应的奖惩以激励员工，其评价的结果是企业实行薪酬管理、作出晋升决策以及保留或解雇员工的决定等重要人力资源管理决策的重要依据，这是绩效管理的管理目的。在实施绩效管理的过程中，可以发现员工存在的不足，在此基础上有针对性地进行改进和培训，从而不断提高员工的素质，达到提高绩效的目的，这是绩效管理的开发目的。

五、绩效管理的意义

作为人力资源管理的一项核心职能，绩效管理具有非常重要的意义，这主要表现在以下几个方面：

（一）绩效管理有助于提升企业绩效

企业绩效是以员工个人绩效为基础而形成的，有效的绩效管理系统可以改善员工的工作绩效，进而有助于提高企业的整体绩效。目前在西方发达国家，企业纷纷强化员工绩效管理，把它作为增强公司竞争力的重要途径。

（二）绩效管理有助于保证员工行为和企业目标的一致

企业绩效的实现有赖于员工的努力工作，人们对此早已形成共识。但是近年来的研究表明，两者的关系并不像人们想象中那么简单，而是非常复杂的。

员工努力程度和公司绩效之间有一个关键的中间变量，即努力方向与企业目标的一致性。如果员工的努力程度比较高，但是方向却与企业的目标相反，则不仅不会增进企业的绩效，相反还会产生负面作用。

保证员工行为与企业目标一致的一个重要途径就是借助绩效管理。由于绩效考核指标对员工的行为具有导向作用，通过设定与企业目标一致的考核指标，就可以将员工的行为引导到企业目标上来。例如，企业的目标是提高产品质量，如果设定的考核指标只有数量而没有质量，员工就会忽视质量，从而影响到企业目标的实现。

（三）绩效管理有助于提高员工的满意度

提高员工的满意度对企业来说具有重要意义，而满意度是与员工需要的满足程度联系在一起的。在基本的生活得到保障以后，按照马斯洛的需要层次理论，每个员工都会有尊重需要和自我实现的需要，绩效管理则从两个方面满足了这种需要，从而有助于提高员工的满意度。首先，通过有效的绩效管理，员工的工作绩效能够不断地得到改善，这可以提高他们的成就感，从而满足自我实现的需要；其次，通过完善的绩效管理，员工不仅可以参与管理过程，而且可以得到绩效的反馈信息，这能够使他们感到自己在企业中受到重视，从而满足了尊重的需要。

（四）绩效管理有助于实现决策的科学性、合理性

绩效管理可以为人力资源管理的其他职能活动提供准确、可靠的信息，从而提高决策的科学性和合理性。

六、绩效管理与人力资源管理其他职能的关系

绩效管理在企业的人力资源管理系统中占据着核心位置，发挥着重要的作用，并与人力资源管理的其他职能活动存在着密切的关系。

（一）与职位分析的关系

职位分析是绩效管理的基础。在绩效管理中，对员工进行绩效考核的主要依据就是事先设定的绩效目标，而绩效目标的内容在很大程度上来自通过职位分析所形成的职位说明书。借助职位说明书来设定员工的绩效目标，可以使绩效管理工作更有针对性。

（二）与人力资源规划的关系

绩效管理对人力资源规划的影响主要表现在人力资源质量的预测方面，借助绩效管理系统，能够对员工目前的知识和技能水平作出准确的评价，为人力资源供给质量和人力资源需求质量的预测提供有效的信息。

（三）与招聘录用的关系

绩效管理与招聘录用的关系是双向的。首先，通过对员工的绩效进行评价，能够对不同的招聘渠道的质量进行比较，从而实现对招聘渠道的优化。其次，对员工绩效的评

价是检测甄选录用系统效度的一个有效手段。最后,招聘录用也会对绩效管理产生影响,如果招聘录用的质量比较高,员工在实际工作中就会表现出良好的绩效,这样就可以大大减轻绩效管理的负担。

（四）与培训开发的关系

绩效管理与培训开发也是相互影响的。通过对员工的绩效作出评价,可以发现培训的"压力点",在对"压力点"作出分析之后就可以确定培训的需求;同时,培训开发也是提高员工绩效的一个重要手段,有助于实现绩效管理的目标。

（五）与薪酬管理的关系

绩效管理与薪酬管理的关系是最直接的,按照赫茨伯格的双因素理论,如果将员工的薪酬与绩效挂钩,使薪酬成为工作绩效的一种反映,就可以将薪酬从保健因素转化为激励因素,从而使薪酬发挥更大的激励作用。此外,按照公平理论的解释,支付给员工的薪酬应当具有公平性,这样才可以更好地调动他们的积极性,为此就要对员工的绩效作出准确的评价。一方面,员工的付出能够得到相应的回报,实现薪酬的自我公平;另一方面,绩效不同的员工得到不同的报酬,实现薪酬的内部公平。

（六）与人员调配的关系

企业进行人员调配的目的就是实现员工与职位的相互匹配。通过对员工进行绩效考核,可以确定员工是否胜任现有的职位,也可以发现员工适宜担任哪些职位。

第四节 "互联网"时代绩效管理创新

一、"互联网+"时代绩效管理的发展趋势

"互联网+"时代,"大众创业,万众创新"已经成为企业发展的主旋律。创新已经从科技与技术的层面上升至管理模式及思维方式的范畴。

绩效管理是企业人力资源管理中重要的一环，绩效管理创新在竞争激烈的时代被企业寄予了厚望。传统的基于"二八定律"的 KPI（关键绩效指标）目标式量化管理主导的局面被打破，OKR（目标与关键成果法）模式开始兴起，企业的重点放在如何借助系统工具发掘出企业绩效管理的最大价值，从而使企业获得更高的利润。"互联网+"时代绩效管理的发展趋势有以下几个方面：

（一）绩效管理再次成为企业管理的焦点

2015 年，据一份关于人力资源管理的调查报告显示：80%以上的受访企业将绩效管理作为人力资源管理的重点，50%以上的受访企业表示绩效管理体系建设已经成为企业当下重点工作。

（二）目标执行与过程管理将使绩效管理发挥最大价值

绩效管理循环有四个阶段，而绩效实现过程的交流与辅导环节最为关键，但多数企业忽略了这个环节，使绩效管理变为简单的绩效考核，这也是很多企业绩效管理无法发挥出其应有作用的重要原因。

绩效管理较为成功的企业通常会借助系统工具将员工绩效管理实践过程中的过程管理加以完善，员工可以随时对目标实现过程中的进度、发生的问题、意见及建议等及时与上级部门进行沟通。员工当下目标的完成情况会清晰地反映出来，管理人员可以根据这些信息，给予员工支持与鼓励。最终的评估结果可以参考整个项目的具体实现过程的所有信息，这样的评价更加公平，更具说服力。

（三）能力和价值观成为绩效管理的重要组成部分

互联网时代，人才的流动更加频繁，企业对人才的竞争趋于白热化，而绩效管理作为企业内部人才培养体系需要对企业的人才标准进行严格的把控，尤其是一些能力越强的员工的价值观出现问题时，对企业造成的危害也就越大。对员工的价值观的考核是企业绩效管理中重要的一环。

对员工综合能力的考核逐渐被企业所重视，员工综合能力的培养关乎企业在未来能否实现持续发展。如果员工的能力不够全面，在竞争日益激烈的今天，某一方面的短板很可能成为企业进行市场开拓、业务发展的一大阻碍，这无疑会使企业和竞争对手竞争时处于劣势。

（四）移动社交化的绩效管理工具将受欢迎

绩效管理是一项庞大的系统工作，涉及整个组织，迫切需要企业找到一个可以支撑全局的系统工具。此外绩效管理系统工具应该具备移动社交能力，这会使得员工在绩效考核过程中的沟通、评估、反馈等更为科学合理。

绩效管理是一个因时而变、因势而变的永恒话题。企业各自拥有的实际情况也有所区别，现实中也不存在完全适合某一个企业的绩效管理模式，但是绩效管理对企业发展的推动作用是毋庸置疑的。能把握绩效管理的发展趋势，利用有效的系统工具来为绩效管理体系保驾护航，这会为企业的创新发展注入巨大的活力。

二、KPI 绩效管理与 OKR 绩效管理

（一）KPI 与 OKR 绩效管理模式的局限性与发展趋势

1. 以 KPI 为代表的经典绩效管理模式的局限性

（1）KPI 绩效管理模式

KPI（Key Performance Indicator）是一种目标式量化管理指标，它能评估员工的业绩并且将企业的战略和需要实现的目标完成对接。例如，企业的目标是营业利润时，其 KPI 考核模式就会以销售增长率、利润率以及成本投入作为指标。

但是这种模式有以下几个缺陷：

第一，KPI 考核直接与激励效果连接，导向性极强。如果管理部门制定的 KPI 指标于公司的发展不利，员工照此执行后果会很严重，尤其是企业的考核通常为一年一次或者一年两次，等到企业发现问题时，后果已经无法挽回。

第二，一些项目有较高的发展潜力，但是没进行实践获得一部分成果之前无法判断其在市场中的效果，有可能导致巨大的损失。因此，这种项目的 KPI 制定起来难度极高，很多人对此持反对态度。

第三，KPI 的考核结果和员工的利益直接挂钩，目标的制定以及评估很容易发生不公平的问题，即"不患寡而患不均"，出现这种问题，不利于内部团结。

（2）BSC 绩效管理模式

BSC（平衡计分卡）模式以企业的战略目标为导向，分别从财务、顾客、内部运营、学习与创新四个维度上利用可操作的衡量指标和目标值进行考核的一种绩效管理模式。

其应用范围比较广泛。根据调查：世界 500 强企业中约 70%的企业使用了 BSC 绩效管理模式。

但是 BSC 绩效管理模式同样存在着一些缺陷：

第一，实施难度大，工作量也大。BSC 绩效管理模式的考核十分复杂，需要进行的工作量巨大，操作难度较高。企业需要投入较大的精力去打造科学完善的管理平台，引入相关管理方面的人才，才能使这种模式在企业的人力资源管理中发挥应有的效果。

第二，适合组织绩效考核，但不能有效地考核个人。BSC 绩效管理考核方式以岗位为界限分解战略目标，很难精确到个人。它对个人的考核效果不明显，容易出现岗位职责及任职资格要求混乱的情况。

第三，BSC 系统庞大，短期很难体现其对战略的推动作用。战略目标是一个企业的长期指标，因此 BSC 考核管理模式的周期比较长，短期内很难有效果，而且需要整个企业在资源配置上给予支持。

（3）KPI 和 BSC 的发展趋势

本质上 BSC 模式是在 KPI 模式上的创新发展，只不过它是从四个不同的角度对目标进行分解。由于这两种模式在应用过程中所表现出来的局限性必定会引发企业对其进行改进，它们最终将会被新的模式所取代。

事实上在企业中推行绩效管理模式的创新发展，不是一种简单的扬弃，绩效管理需要对企业的价值观、文化、管理人员的性格、企业的实际运营状态等进行综合考虑，在操作过程中需要谨慎处理。

2.OKR 绩效管理模式的概念及其发展

（1）OKR 绩效管理模式的概念

OKR（Objectives and Key Results，目标与关键成果法）绩效管理模式的基本原理是借助一系列的定义与目标追踪并实时掌握目标进度。

1999 年英特尔公司率先应用此种模式，随后谷歌、甲骨文、领英等企业相继引入这种模式。谷歌在 OKR 绩效管理模式的建设上投入了大量精力，如今已经建设成科学、完善、全面量化的目标考核体系，各部门通过这种绩效管理模式紧密连接在一起，创造出了巨大的价值。

OKR 模式对战略目标逐级分解，将每一个目标的关键任务与成果以时间和数量指标精细化细分，而且其成果可以在不改变战略目标的前提下进行调整，从而突破了 KPI 模式的局限性。OKR 模式对员工的当下任务有明确的规定，不是 KPI 模式那种强调员工完成长期总目标。

（2）OKR 绩效管理模式的特点

OKR 的特点主要有以下三个：

①OKR 与绩效考核相分离，它产生的结果不会影响员工的薪水和晋升，所以不会给员工带来压力感，也缓和了员工之间的关系；

②目标的设定是由团队自行决定的，而且在执行过程中，允许员工、团队更改关键结果，以确保为目标服务；

③OKR 在公开、透明的环境中执行任务，员工之间相互监督、协同进步、灵活调整，在相互激励的过程中，保证完成的工作不会偏离设定的目标。

由此可见，OKR 绩效管理模式在对目标的分解和控制上既具体又明确，更能适应现代越来越流行的扁平化管理。在移动互联网时代下，公司采用更具有灵活性的 OKR 管理方法，更能适应这个多变的环境。

第五章　人力资源管理者队伍建设

人力资源管理者是做好组织人力资源管理的重要保证。人力资源管理者必须有先进的人力资源管理理念、较高的人格品质、合理的知识结构、较强的工作能力、健全的心理素质与一定的人事工作经验。因此，加强人力资源管理者队伍建设十分重要。

第一节　人力资源管理者的职业化

一、人力资源管理者的概念与层次

（一）人力资源管理者的概念

人力资源管理者即人力资源管理人员，是从事人力资源规划、员工招聘选拔、绩效考核、薪酬福利管理、培训与开发、劳动关系协调等工作的专业管理人员。人力资源管理者的任务是选人、育人、用人、留人，调动各类员工的积极性和创造性，同时也必须运用劳动法规和劳动合同来规范人力资源管理活动，协调处理企业的劳资纠纷，从而求得人与事相适应，达到"人适其事，事得其人，人尽其才，事尽其功"的目的。人力资源管理者的作用越来越受到企业决策层的重视，许多企业逐渐走出了人事管理的误区，把人力资源管理看成是一种战略性的管理，并把人力资源经理或管理者称为战略合伙人。

（二）人力资源管理者的层次

就企业组织结构来讲，一般企业的组织都可以分成三个管理层次，即：决策层、中间层和操作层。组织的层次划分通常呈金字塔形,即决策层的管理者少,执行层的管理者多一些,操作层的管理者更多。通常人们也称决策层的管理者为高层管理者,执行层的管理者为中层管理者,操作层的管理者为基层管理者。不同层次不同岗位的管理者,在组织运行中扮演着不同的角色。高层管理者最重要的角色是决策角色,其确定公司经营的大政方针、发展方向和战略规划,掌握政策,制定公司规章制度以及进行重要的人事组织及其变动等。也就是说,凡关系到公司全局、长远发展的重大问题,凡是与外部协作和市场竞争有关的重大问题,均由高层管理者处理和决策。基层管理者主要是调动下属成员进行团队合作,组织一线职工努力完成生产计划和工作任务;而作为中间的企业中层管理者是企业的中坚力量,承担着企业决策、战略的执行及基础管理与决策层的管理沟通的工作。他们的工作具有既承上启下,又独当一面的特点。人力资源管理者属于执行层的管理者。

二、人力资源管理者的职业特征

在人力资源管理的理念和实践萌芽与发展初期,人力资源管理者很多是从一线员工中调任的,通常是在经营业务上并不出色却善于与人相处的管理人员,甚至有部分是因为在工作中不能胜任或即将退休而被调配到该部门的员工。部门负责行政性、事务性的工作,这与当时的工业时代背景和管理意识相一致。在知识化、网络化和竞争化的时代进程中,人力资源管理人员的职业化、专业化趋势日渐成熟。人力资源管理逐渐开始由一个专业成为一个职业。

(一)职业的特征

职业和工作并非对应的概念,工作是职业的初级阶段,随着社会分工的细致和知识体系的强化与扩张,工作发展到一定阶段时,才成为职业。职业是具有较高社会地位的知识性工作,其包含四个基本特征:专业化知识、自治、对其他次要工作群体的权威以及一定程度上的利他主义。因此,从工作向职业转变的过程可以说就是职业化的过程。

基于这种认识,关于职业的特征成为社会学家研究的重点。1915年,亚伯拉翰·福来克斯纳最早描述职业的六点特征:个人责任感、科学和学问的基础、实用的专门化知识、通过组织分享普遍的技术、自组织形式、利他主义意识。1957年,埃内斯特·格林伍德又为职业给出了更为清晰的界定:系统化的理论、权威、社区约束力、伦理规范、一种文化。在此基础上，社会学家豪斯将诸多特征融合为两个，即专门化的知识训练以及坚守行为标准。1968年，社会学家中塔尔科特·帕森在其一篇论文中将职业描述为正规的训练、高标准的技术、能够确保社会责任。1970年，社会学家威尔伯特·穆尔将职业化看成一个发展过程，包括工作、职业、正规化的组织、要求教育的组织、倾向服务的组织以及享有独立自治权的组织等几个阶段。由以上所述可以看出职业化的最高阶段即组织享有完全的职业自治权。

专家指出，工作如果能够向社会证明其将有的贡献性就能够成为职业，如责任感、较高的教育水平以及服务意识等，这些特征能够证明其符合公认的职业地位。对职业特征的研究最终发展出职业主义意识形态，成功的企业在价值和职业主义方面与其他企业相比具有鲜明的特色。职业主义的两个基本要素就是专门化的知识和自治权，职业化是基于共同知识的专业化与基于独立利益的自治的形成过程。基于共同知识的专业化意味着共同的知识话语与规则的形成，但是"知识话语的确立并不仅仅涉及知识的重新布局，而且势必涉及社会利益格局某种程度的改变，涉及利益的社会再分配"。也就是说，它意味着拥有共同的文化资本，分享共同的文化背景，以及拥有同样的生产关系（话语的生产和分配）的阶层的形成。这里的自治包括职业独立，也包括职业自律，职业角色通过职业理念和精神的内化而成为职业良心。

职业化是劳动社会化分工条件下的组织原则，也是劳动力市场构建的一种方式。职业化使工作跳出了自由竞争的劳动力市场，市场的准入资格、竞争程度、薪资水平等都发生了变化，各种形式的职业同盟逐渐形成。

（二）人力资源管理的职业化

随着人力资源管理在组织中的地位日益重要，人力资源管理者的角色定位被提升到前所未有的高度，即组织的战略合作伙伴。在传统的人力资源管理中，更为强调个体人力资源的产出（营业额、满意度以及绩效），各个人力资源职能相互之间是分离而独立的。但在战略人力资源管理中，战略是商业导向，关注于组织的整体效能；人力资源则被作为资产、资源，采用各种方法进行管理。战略化意味着人力资源对其他工作、职业的影响力以及在组织绩效的影响中权重更大。立足于职业化的角度，人力资源战略化的基础和核心是人力资源职业自治。

工业革命以前，技能型工匠保持了其对工作的职业控制。工业革命开始后，他们慢慢丧失了这种权力，成为机械生产下的一般技术工人。早期的工艺依然存在，但是工人对工作方式的控制权被工厂主（或者管理者）剥夺了，其职业的特性也随之改变、消失。工人不再被看作"独立的承包人"，而成了依附于组织的"零部件"，行政管理工作在组织内的地位和工作控制权不断提升。社会学家在对一些职业重获对工作控制权（如医生、律师）的研究中发现，不同的工作就谁能胜任何种职业以及在多大程度上影响组织总体绩效不断地进行协商与博弈。过去，人力资源管理对组织绩效的影响是与其他职能的作用混杂在一起的，当前有些组织内的人力资源管理地位不高，也主要是由于其无法明确对组织整体绩效的贡献程度。尚未成为组织战略伙伴的人力资源管理者不断地营销其拥有商业导向的人力资源知识和技能的权限主张，努力使最高管理层接受，以提高其职业地位。

然而，要想使人力资源管理在组织内真正成为战略性职能，必须将其当成独立的职能部门来看待，即为了有效地向企业内部客户提供服务，人力资源管理者对工作的控制权和自主权理应得到加强。在美国的一些企业中，高层人力资源管理者已经开始把人力资源管理作为战略性业务单元来看待，试图根据他们的顾客基础、顾客需求以及满足顾客需求的技术等条件来界定其业务内容。这种理念的根本正是与职业化理念相契合的，其基础都是要赋予人力资源管理者以职业自治权。因此，可以说人力资源管理的战略化进程正是人力资源管理职业化发展的体现，而职业化的成熟将会为人力资源管理在组织内的定位和运作提供良好的基础和平台。

（三）我国人力资源管理职业化发展

人力资源管理的概念引入我国的时间还不长，同欧美发达国家的人力资源职业化管理程度相比，我国人力资源管理职业化发展还不够强。经过多年探索与实践，我国已找到适合自己国情的人力资源管理职业化道路。以人力资源管理者的职业认证为例，目前我国已经出台相关的规定，对人力资源管理者进行规范，我国已经形成比较规范的人力资源管理者职业体系。

第二节　人力资源管理者的任务

现代人力资源管理是一个人力资源的获取、整合、保持、激励、控制、调整及开发的过程，包括求才、用才、育才、激才、留才等内容的工作。一般说来，现代人力资源管理主要包括以下几个方面：人力资源的战略规划、决策系统；人力资源的成本核算与管理系统；人力资源的招聘、选拔与录用系统；人力资源的教育培训系统；人力资源的工作绩效考评系统；人力资源的薪酬福利管理与激励系统；人力资源的保障系统；人力资源的职业发展设计系统；人力资源管理的政策、法规系统；人力资源管理的诊断系统。具体来说，现代人力资源管理主要包括以下一些具体内容和工作任务：

一、制定人力资源规划

人力资源管理者的首要任务就是制定人力资源规划。人力资源规划是预测未来的组织任务和环境对组织的要求，以及为了完成这些任务和满足这些要求而设计的提供人力资源的过程。它要求通过收集和利用信息对人力资源活动中的资源使用活动进行决策。对于一个企业来说，人力资源规划的实质是根据企业经营方针，通过确定企业人力资源来实现企业的目标。人力资源规划分战略规划和战术计划两个方面。

（一）人力资源的战略规划

人力资源的战略规划主要是根据企业内部的经营方向和经营目标，以及企业外部的社会和法律环境对人力资源的影响，制订的较长期计划，一般为两年以上，但同时要注意其战略规划的稳定性和灵活性的统一。在制定战略规划的过程中，必须注意以下几个方面的因素：

1.国家及地方人力资源政策环境的变化

这包括国家关于人力资源法律法规的制定，以及对人才的各种管理措施，如国家各种经济法律法规的实施，国内外经济环境的变化，国家以及地方对人力资源和人才的各种政策规定等。这些外部环境的变化必定影响企业内部的整体经营环境，从而使企业内部的人力资源政策也应该随着有所变化。

2. 企业内部经营环境的变化

企业的人力资源政策的制定必须遵从企业的管理状况、组织状况、经营状况变化和经营目标的变化。由此，企业的人力资源管理必须依据以下原则，根据企业内部经营环境的变化而变化：一是安定原则。安定原则要求企业不断提高工作效率，积累经营成本，企业的人力资源应该以企业的稳定发展为管理的前提和基础。二是成长原则。成长原则是企业在资本积累增加、销售额增加、企业规模和市场扩大的情况下，人员必定增加。企业人力资源的基本内容和目标是为了企业的壮大和发展。三是持续原则。人力资源应该以企业的生命力和可持续增长，并保持企业的永远发展潜力为目的。必须致力于劳资协调，人才培养与后继者培植工作。现实中，企业的一时顺境并不代表企业的长远发展，这就要求企业领导者和人力资源管理者，具有长远的目标和宽阔的胸襟，从企业长远发展大局出发，协调好劳资关系，做好企业的人才再造和培植接班人的工作。因此，企业的人力资源战略必须是企业整体战略的一个有机组成部分，而人力资源战略就是联系企业整体战略和具体人力资源活动的一座桥梁。

3. 人力资源的预测

根据公司的战略规划以及企业内外环境的分析，制定人力资源战略规划，配合企业发展的需要，以及避免制订人力资源计划的盲目性，应该对企业的所需人才做适当预测。在估算人才时应该考虑以下因素：因企业的业务发展和紧缩而需增减的人才；因现有人才的离职和退休而潜在补充的人才；因管理体系的变更、技术的革新及企业经营规模的扩大所需的人才。

4. 企业文化的整合

企业文化的核心就是培育企业的价值观，培育一种创新向上、符合实际的企业文化。在企业的人力资源规划中必须充分注意企业文化的融合与渗透，保证企业经营的特色、企业经营战略的实现和组织行为的约束力。只有这样，才能使企业的人力资源具有延续性，具有本企业的人力资源特色。国外一些大公司非常注重人力资源的战略规划与企业文化的结合，如松下公司的"不仅生产产品而且生产人"的企业文化观念，就是企业文化在人力资源战略中的体现。总之，一个企业的人力资源规划，必须充分与企业外部环境和内部环境相协调，并融合企业文化特色。

（二）人力资源的战术计划

人力资源的战术计划是根据企业未来面临的外部人力资源供求的预测，以及企业的发展对人力资源需求量的预测而制定的具体方案,包括招聘、辞退、晋升、培训、工资政策和组织变革等。在人力资源的管理中有了企业的人力资源的战略规划后,就要制订企业的人力资源的战术计划。人力资源的战术计划一般包括四个部分:

1.招聘计划

针对人力资源所需要增加的人才,应制订出该项人才的招聘计划,一般一个年度为一个时期。其内容包括:计算各年度所需人才,并计算出内部晋升的人数;确定各年度必须向外招聘的人才数量;确定招聘方式;寻找招聘来源;对所聘人才如何安排工作职位,并防止人才流失。

2.人才培训计划

人才培训计划是人力资源计划的重要内容,人才培训计划应按照公司的业务需要和公司的战略目标,以及公司的培训能力,分别制订下列培训计划:新进人才培训计划;专业人才培训计划;部门主管培训计划;一般人员培训计划;人才选送进修计划;考核计划。一般而言,企业内部因为分工的不同,对人才的考核方法也不同。在市场经济情况下,一般企业应该把员工对企业所作出的贡献作为考核的依据,这就是绩效考核方法。绩效考核计划要从员工的工作成绩的数量和质量两个方面对员工在工作中的优缺点进行判断。例如,市场营销人员和公司财务人员的考核体系不同,因此在制订考核计划时,应该根据工作性质的不同,制订相应的人力资源绩效考核计划。它包括以下三个方面:工作环境的变动性大小,工作内容的程序性大小,员工工作的独立性大小。绩效考核计划做出来以后,要制订相应考核办法。一般有以下主要方法:员工比较法、关键事件法、行为对照法、等级鉴定法、目标管理法。

二、激发员工积极性

现代企业人力资源管理的主要目的是通过卓有成效的管理和开发措施,充分调动职工的工作积极性,保证生产经营目标的实现。建立激励机制正是调动职工积极性的重要措施,具有十分重要的意义。人力资源管理者要通过物质激励、精神激励等多种途径充分调动员工的工作积极性。

(一)物质激励

物质激励是指通过发放工资、奖金、实物等物质性手段对员工产生的激励作用。物质激励是建立企业激励机制的重要途径，设立科学合理的物质激励方案是现代企业管理的一项重要内容。过去，我国企业过分强调精神激励的作用，忽视了物质激励的重要性，导致职工积极性不高，工作效率低下。改革开放以后，我国企业开始重视物质激励的重要作用，物质激励在企业管理中的作用日益重要。相对而言，西方国家对物质激励的研究起步早，方法科学，有很多我国企业可以借鉴的地方。

在企业人力资源管理中，要非常重视工资的激励作用。工资不仅仅是员工劳动的报酬，也是激励员工努力工作的重要手段。如何使工资成为激发员工努力工作的动力，是企业人力资源管理的一项重要内容。过去，我国企业普遍实行"大锅饭"的工资体制，就极大地制约了员工积极性。在现代企业制度下，必须对企业的工资制度进行认真的研究和改革。

1.拉开工资差距

拉开工资差距是充分发挥工资激励作用的有效办法。如果企业员工工资水平基本相同，员工就有可能感到没有追赶的目标，感到再努力工作也不会提高收入，从而影响工作积极性。拉开工资差距要考虑三个因素：

一是工资差距要根据企业不同岗位承担的不同工作确定，真正使贡献大的员工得到高收入，体现按劳分配的原则。

二是实行高工资的员工数量应少，如果多数员工普遍提高工资就不能称为拉开工资差距，也起不到激励作用。这就需要企业在确定哪些岗位和人员实行高工资时，企业应根据实际需求情况，进行综合对比。

三是工资差距要合理。工资差距过小，起不到激励的作用；工资差距过大，企业难以承受。因此，确定工资差距一定要合理。在具体标准上，高工资应是低工资的10倍以上，20倍以下。

2.保证最低需要

保证最低需要要求企业在确定工资标准时，必须参照当地的生活水平和国家有关规定，使内部员工工资都能够满足基本的生活需要。如果企业做不到这一点，员工就会由于基本生活没有保障而无法安心工作，企业人力资源的各项措施就都难以发挥成效。

3.保持工资涨幅

企业在设计工资制度时，要使员工工资在一定基数的基础上，随企业效益的变化适当上涨。一般来说，多数企业都会及时调整员工工资。员工工资上涨必须保持一定的幅度。这个幅度要合理，不能太大，也不能太小。如果这个幅度过大，可能导致员工保持较高的期望值，一旦企业经济效益下降，员工期望值不能得到满足时，就会影响员工积极性的发挥。过高的工资涨幅也使企业的自我积累减少，容易导致企业发展后劲不足。但是，涨幅过小又不能起到激励员工的作用。因此，研究符合我国企业实际情况的工资涨幅十分必要。

4.照顾多数员工

企业设计工资制度时，既要体现按劳分配的原则，充分调动员工的工作积极性，形成竞争激励机制，又要注意照顾多数员工的利益。企业的发展要依靠广大员工的共同努力，否则就不能有大的发展。因此，企业要保证有足够的财力照顾多数员工的利益，保证多数员工的基本生活需要，并在此前提下，设计工资制度。

在发挥好工资作用的同时，也要运用好奖金、实物等方法的激励作用。同时，在物质激励手段的运用中应坚持一定的原则。一是坚持按劳分配原则。按劳分配使有劳动能力的人都能够努力为企业工作，坚持按劳分配原则能够体现出激励的作用，促使职工努力工作。二是保证企业发展后劲的原则。搞好物质激励必须建立企业内部的自我约束机制，服从和服务于企业生产经营的需要。这就要求企业坚持分配总额与经济效益紧密挂钩，既让企业员工收入不断提高，又不能影响企业的发展后劲。三是物质激励和精神激励相结合的原则。物质激励不是万能的，这一点已经被中外企业实践和理论界所证明。因此，企业在对员工进行物质激励时一定要与思想教育相结合，引导员工正确看待物质利益，切实关心员工、爱护员工，从灵魂深处激发员工的工作积极性。

（二）精神激励

精神激励是相对于物质激励而言的。它是通过表扬、鼓励等思想工作的手段，使员工受到肯定和尊重，从而激发他们工作热情，努力完成承担的工作任务。马克思主义哲学认为，内因决定外因。物质激励属于外因，精神激励才是调动员工积极性的动力。实践证明，当员工取得成就时，最渴望得到承认和表彰。

三、进行岗位分析

岗位分析是人力资源管理者的一项重要任务，它是一个全面的评价过程，这个过程可以分为四个阶段：准备阶段、调查阶段、分析阶段和完成阶段。这四个阶段关系十分密切，它们相互联系、相互影响。

（一）准备阶段

准备阶段是岗位分析的第一阶段，其主要任务是了解情况，确定样本，建立联系，组成工作小组。具体工作如下：明确工作分析的意义、目的、方法、步骤；向有关人员宣传、解释；与员工建立良好的人际关系，并使他们做好心理准备；组成工作小组，确定调查和分析对象的样本，同时考虑样本的代表性；把各项工作分解成若干工作元素和环节，确定工作的基本难度。

（二）调查阶段

调查阶段是岗位分析的第二阶段，其主要任务是对整个工作过程、工作环境、工作内容和工作人员等主要方面做一个全面的调查。具体工作如下：编制各种调查问卷；灵活运用各种调查方法，如面谈法、问卷法、观察法、参与法、实验法、关键事件法等；广泛收集有关工作的特征以及需要的各种鼓励；重点收集工作人员必需的特征信息；要求被调查的员工对各种工作特征和工作人员特征的重要性与发生频率等进行等级评定。

（三）分析阶段

分析阶段是岗位分析的第三阶段，其主要任务是对有关工作特征和工作人员特征的调查结果进行深入全面的分析。具体工作如下：仔细审核收集到的各种信息；创造性地分析、发现有关工作和工作人员的关键成分；归纳、总结出工作分析的必需材料和要素。

（四）完成阶段

完成阶段是岗位分析的最后阶段，前三个阶段的工作都是以达到此阶段作为目标的，此阶段的任务就是根据规范和信息编制"工作描述"和"工作说明书"。

四、人才的招聘与选拔

选拔与招聘人才是人力资源管理者的根本任务之一。人力资源管理者既要招聘并储备大量适合人才，又要做好人员及企业文化整合，搞好培训，做好员工职业生涯管理，实现企业与员工发展的双赢。

在人才的招聘问题上，首先要明确一个前提：是选择最优秀的还是选择最适合企业的。也许有人认为，最优秀的人才才能为企业带来更多的创新和价值。而事实上，经过企业层层考核和筛选，最优秀的人才往往和企业环境格格不入，有时业绩也很一般，最终还是选择离开，企业用来面试、评估的时间、成本等投入都将付之东流。如果说一次情况的出现可能只是巧合，而作为企业人力资源管理者却总是陷入这样的困境。研究表明，只有最适合企业的人才，才能很好地认同企业的文化，发挥他的积极性和创造性。那么，企业招聘最适合的人才的关键有以下几点：

（一）要对企业发展阶段和外部环境有清醒的认识

企业处于不同的发展阶段，对员工的要求也不同。在初创阶段，企业需要大量有经验的人才来完善企业的业务和制度，他们的经验对于企业来说是一笔财富；当企业处于快速成长期，对人才的要求主要偏重创新和变革的能力，没有创新和变革能力的人，他们可能会把原有的工作开展得很好，但是企业在产品、服务和经营方式上却少有创新，因此很难帮助企业进一步发展。对企业外部环境的评估也是很重要的一个方面。当企业的外部环境复杂、变化很快时，其员工必须有敏锐的洞察力，同时具有快速学习、分析问题和解决问题的能力。这样的员工才能很好适应外部环境的变化，对问题作出正确的判断。

（二）对应聘者的评估

在招聘过程中，企业的人力资源管理者一般都是以职位分析和描述来设计面试问题，但是这些问题只能提供关于工作内容的信息，无从得知做好该职位的工作应具备哪些素质。因此，在面试问题的设计上就要权衡各方面的因素。好的问题能够探究应聘者行为方式，获得证据说明应聘者是否有能力做好工作。另外，不能将评估的标准统统设置在是否符合岗位的任职技能方面，将对任职技能的评估代替对应聘者综合能力以及与企业匹配程度的评估。

（三）双方的沟通

招聘是个双向选择的过程，在企业评估、选择应聘者的同时，也是应聘者对企业评估、选择的过程。招聘是为了让合适的人来企业工作，企业在与应聘者沟通的过程中，招聘人员为了吸引优秀的人才，往往只倾向于谈论工作和企业的积极因素，回避企业的不足。他们不去帮助应聘人员客观地评价个人技术和工作、组织目标间的适合程度，使应聘者对企业产生了过高的期望。这种在招聘过程中，应聘者与企业签订的"精神契约"会与未来工作中的现实感受相差甚远，这种差距感很可能导致员工离职。所以，在与应聘者的沟通过程中，人事经理应该采取开诚布公的原则，客观、真实地介绍企业的情况，要让应聘者真实地了解个人在企业中可能的职业发展道路。当应聘者对企业有一个客观真实的认识的时候，应聘者会作出对个人和企业都适合的选择。这可能会使企业失去一部分出众的应聘者，但有助于企业招到真正适合企业的人。

当然，人才的具体招聘要根据企业的岗位需要及工作岗位职责说明书，利用各种方法和手段，如接受推荐、刊登广告、举办人才交流会、到职业介绍所登记等从组织内部或外部吸引应聘人员。并且对应聘者进行资格审查，如接受教育程度、工作经历、年龄、健康状况等方面的审查，从应聘者中初选出一定数量的候选人，再经过严格的考试，如用笔试、面试、评价中心、情景模拟等方法进行筛选，确定最后录用人选。人力资源的选拔，应遵循平等就业、双向选择、择优录用等原则。

（四）正确处理劳动关系

员工一旦接受组织聘用，就与组织形成了一种雇佣与被雇佣的、相互依存的劳动关系，为了保护双方的合法权益，人力资源管理者必须正确处理双方的关系，构建和谐的劳动关系。

目前，不少企业不重视劳动关系的和谐，如在制定企业薪资分配制度时，只注重向企业的忠心员工和少数中高层管理人员倾斜，对一线员工收入分配的公平性考虑较少；有的企业由于资金紧张，出现拖欠职工工资、奖金、业务酬金和福利费用等现象；个别企业领导管理方法僵化，工作中只是发号施令，不注意和员工沟通交流；部分基层企业不注重生产条件及工作环境的改善，职工的身心健康难以得到保障等。这些问题极大地限制了企业的发展。人力资源管理者的重要任务就是促进企业与员工建立和谐的劳动关系。要构建和谐的劳动关系，要做到以下几点：

（1）坚持以人为本，实现促进企业发展与构建和谐劳动关系的有机统一。发展是企业永恒的主题，但发展是一项系统工程，既需要好的战略和制度，更需要一支优秀的奋发进取的员工队伍。因此，企业要千方百计调动职工积极性，充分发挥职工在企业发展中的重要作用。必须把职工利益放在重要位置，不论企业出现什么问题，都不能以牺牲职工利益为代价换取发展。

（2）建立注重激励的薪酬分配制度，努力实现分配公平、权利公平、机会公平、规则公平。分配公平是全社会关注的焦点，不公平则心不平，心不平则气不顺，气不顺则难和谐。企业要发展，必须切实重视一线员工的收入分配公平问题，在注重提高企业中高层管理人员收入的同时，适当提高一线员工（包括劳务工）的收入，实现员工和企业的共同发展。

（3）注重亲情管理，实现领导和职工、职工和企业的和谐相处。职工是企业的主体，只有满意的职工，才能创造满意的客户。企业领导在任何时候都要把关心职工、善待职工放在心上。首先，要创造条件为职工提供安全舒适的生产条件和工作环境，增强职工为企业工作的荣耀感。其次，要尊重职工，走近职工，与职工和谐相处。企业领导与职工的和谐相处是企业发展的一个重要问题。企业的管理者要明确其意义，与职工携手共创美好明天。

（4）注重教育培训，提高员工素质。当今企业的竞争主要表现为知识的竞争、人才的竞争。因此，加强对员工的教育培训、提高员工素质成为构建和谐劳动关系的一项重要内容。只有高素质的员工，才能适应企业未来发展的要求，才能在激烈的就业市场竞争中实现稳定就业。企业要加大对员工教育培训的力度，使员工掌握各种业务技能，提高知识素养，成为知识型、技能型员工，在发展中凭知识参与竞争、凭知识创造价值、凭知识掌握命运的目的。

（五）入职教育、培训和发展

任何进入一个组织（主要指企业）的新员工，都必须接受相应的教育，这是帮助新员工了解和适应组织、接受组织文化的有效手段。入职教育的主要内容包括企业的历史发展状况和未来发展规划、职业道德和组织纪律、劳动安全卫生、社会保障和质量管理知识与要求、岗位职责、员工权益及工资福利状况等。为了提高广大员工的工作能力和技能，有必要开展富有针对性的岗位技能培训。对管理人员，尤其是有必要对即将晋升的员工开展提高性的培训和教育，目的是促使他们尽快具有在更高一级职位上工作的知识、技能、管理技巧和应变能力。

人力资源管理者的任务十分繁重，可以说人力资源管理者的任务涵盖了人力资源管理的所有工作。不同时期、不同企业人力资源管理的侧重点各有不同，需要人力资源管理者体会、把握。

第三节 人力资源管理者的素质要求

人力资源管理者的素质要求是由人力资源管理的任务、职能以及人力资源管理者的角色决定的。现代企业中需要人力资源管理者具有多方面的知识，在理论和实践经验方面都拥有过硬的专业素质，具体应包括如下素质：

一、过硬的人格品质

人格是一种内在修养，是一个人能力、气质、品格的综合反映，是人的一切品质的总和。人力资源管理者应当具有高尚健全的人格，要有成熟的自我意识，具有自爱、自尊、自信、自强等心理品质，有强烈的责任感、事业心，能够全身心地投入到工作中去。人的素质是决定工作质量的根本因素。人的素质既与他的知识、能力和悟性有关，也与其人格密不可分，并以人格为中心。因此，人格在一定程度上决定着一个人事业和社会活动的效果与成就。从内涵的角度看主要是指人的心理素质、思维方式、个性特点和进取精神。由此进一步产生了人格的重要特征：使命感和责任心、敏感性和创新意识、合作精神、有目标的行为强度。人格的外延则是指因重要的人格特征结构而产生的个人形象，以及对周围人的影响力。

人格本身便是一种有价值的力量。作为人力资源管理者，只有依靠其人格所产生的威望（地位和权力难以产生的人格魅力）潜移默化地影响企业的员工。因此，人力资源管理者既是组织人格化的体现，也代表了组织人力资源管理的总体水平。实践证明，导致企业人力资源管理水平不高的诸多要素中，人力资源管理者的品质（人格）是最主要因素。所以，有学者认为，未来的企业管理会以人格管理为核心。

企业人力资源管理的首要任务是物色和引进具有良好人格的专业人才。人力资源管理与开发如若忽视员工管理，企业其他的管理措施将收效甚微，甚至出现负面效应。企业如若忽视人力资源管理者的人格培养，即使建立了现代的薪酬管理、员工培训、业绩评价体系，也难以真正实现人力资源管理的理想目标。正确处理好人格与才能之间的关系，企业方能拥有"德才兼备"的管理者与员工。人力资源管理者的人格品质不应成为一个空洞的口号，它应包括两方面的内容：即思想修养与职业道德。

人力资源管理者的思想修养一般包括以下内容：①具有坚定的人生观和全心全意为员工服务的精神，时刻以企业的利益为重，不为个人或小团队谋私利。②有先进的理论水平和正确的世界观和方法论，坚持理论联系实际的作风。③坚定不移地贯彻执行国家的法律法规，敢于同危害同家及企业利益的行为做斗争。④事业心强，有朝气、有干劲、有胆识，为企业建设勇于探索、锐意改革，作出积极贡献。⑤解放思想，实事求是，尊重知识，尊重人才。⑥有优良的思想作风和严格的组织纪律，谦虚谨慎，公平正派，作风民主，平易近人。人力资源管理者的职业道德的基本要求是：①爱心，即爱职业，爱员工，敬重领导。②责任心，即认真做好工作中的每一件"小事"。人力资源管理工作事无巨细，事事重要，事事都是责任。③业务精益求精，即时时、事事寻求合理化，精通人力资源管理业务，知人善任，用人有方，追求人与事结合的最佳点。④具有探索、创新、团结、协调、服从、自律、健康等现代意识。⑤树立诚信观念，诚信乃做人做事之本。

二、合理的知识结构

合理的知识结构，就是既有精深的专门知识，又有广博的知识面，具有发展实际需要的最合适、最优化的知识体系。当然，建立合理的知识结构是一个复杂且长期的过程，必须注意如下原则：①整体性原则，即专博相济，一专多通，广采百家，为我所用。②层次性原则，即合理知识结构的建立，必须从低到高，在纵向联系中，划分基础层次、中间层次和最高层次，没有基础层次，高层次就会成为空中楼阁；没有高层次，则显示不出水平。因此，任何层次都不能忽视。③比例性原则，即各种知识在顾全大局时数量和质量之间合理配比。比例性原则应根据培养目标来定，成才方向不同知识结构的组成就不一样。④动态性原则，即所追求的知识结构决不应是僵化状态，而是能够不断进行自我调节的动态结构。这是为适应科技发展、知识更新、研究探索新的课题和领域，以及工作变动等因素的需要，不然无法跟上飞速发展的时代步伐。

人力资源管理者必须具有合理的、广博的知识，其知识结构应是"金字塔"式的，基础知识是塔基，相关知识是塔身，而塔尖则是专业知识。作为人力资源管理者，应具备的主要知识领域大体如下：

（一）专业知识

人力资源管理是专业性很强的工作，必须掌握与人力资源管理相关的专业知识。人力资源管理所具备的专业知识除第一章所述的几种外还有以下几种：

（1）流程分析与流程再造。流程是组织内部从供应商到客户的价值增长过程，流程的有效性与效率将直接影响到组织的有效性、效率与客户满意度。

（2）工作分析。工作分析是人力资源管理的一项传统职能与基础性工作。一份好的工作分析报告无疑是一幅精确的"企业地图"，它指引着人力资源管理的方方面面。

（3）全面薪酬战略体系。薪酬的不同要素该如何正确地组合才能有效地发挥薪酬的作用；薪酬管理有效支持公司的战略和公司价值的提升的方法和工具。

（二）其他领域的知识

企业在选择人力资源管理者时，要非常注重对候选人所掌握的专业知识的考察。但是，人力资源管理者要参与企业的战略决策，要与其他业务部门沟通，仅仅具备人力资源方面的专业知识显然是远远不够的，还必须掌握其他领域的知识，这样才能符合新时期对一个合格的人力资源管理人员的要求，成为企业的战略合作伙伴、企业的人力资源管理领域的技术专家。要实现这一目标，人力资源管理者所具备的相关知识包括：哲学、伦理学、逻辑学、数学、心理学、社会学、人类学、医学、历史学、经济学、管理学、组织行为学、项目管理、统计学、市场营销、财务管理学、生产管理学、战略学、法律等，这些学科对提高人力资源管理者的专业水平十分重要。哲学，探索人类特性和人类行为的本质；伦理学，处理和解决道德观念和价值判断问题；逻辑学，讨论推理规律和原则；学习数学，推理数量、体积、系统之间的精确关系；心理学，研究个人意识和个人行动的现象；社会学，研究人类群体的形式和功能；人类学，研究自然、环境同人类社会和文化形态之间的关系；医学的所有分支都旨在保障人类的健康；历史学，吸取历史经验教训；经济学，旨在对有限资源的各种竞争的用途作出最佳选择；管理学，研究对有组织的人员的灵活领导；组织行为学，提高管理能力，促使管理者达成近期和远期目标，并使他们所管理的人的目标也同时得以实现。

三、先进的人力资源管理观念

先进的人力资源管理观念主要包括"管理观念"向"价值观念"的转变。先进的人力资源管理观念，强调提高员工的素质与能力，具体包括下述管理观念的转变。

（1）指导思想的转变：由"对工作负责"，"对上级负责"到"对工作的人负责"。

（2）管理方法的转变：由"教你如何"，到"叫你如何"，再到"引导你如何"。

（3）管理手段的转变：由管理者的"中心指挥"变为"中心导向"。

（4）管理组织的转变：由下属的"参与管理"到"共同肩负责任"。

（5）管理职能的转变：由"组织、控制、指挥、协调"到"育才为中心，提高人的素质为目的"。

（6）管理环境的转变：由"简单、缓慢"到"复杂、多变"。

（7）管理者自我意识的转变：由"上级比下级高明"到"下级的具体专长和具体能力应高于上级"。

（8）管理内容的转变：由"简单的任务完成"到"建设高情感的管理场所"。

（9）管理目标的转变：由追求"一般"到追求"卓越"。

（10）管理效果的转变：由"不尽如人意"到"主动精神"。

四、基本的工作能力

仅有合理的知识结构、先进的人力资源管理理念，对人力资源管理者来说是远远不够的，要胜任此工作，还必须具备大量的直接经验，这些直接经验体现于基本的工作能力之中。人力资源管理者的基本工作能力有写作能力、组织能力、表达能力、观察能力、应变能力、交际能力和其他能力，同时人力资源管理者应当具有健全的心理素质与恰当的工作方法。

（一）写作能力

写作是人力资源管理者的基本任务。人力资源部门的规章制度、文书通告等大多出自人力资源管理者之手。所以写作能力是人力资源管理者的基本能力，符合人力资源工作要求的文字写作本身就是人力资源工作的有机组成部分。人力资源管理者写作任务的范围是比较广泛的，可能有制度、通告、新闻稿件、公共关系简报、信函、致辞、演讲稿，以及公告、祝贺卡上的祝贺语等。人力资源管理者应是一名写作高手，在写作的文字中不仅要能够准确表达意思，而且要能准确地表达态度和情感。简单来说，人力资源管理工作的文字写作不仅要符合一般的写作要求，而且要符合人力资源工作的要求。

1.内容要真实准确

人力资源管理工作的基本原则之一就是"真实"。人力资源管理者在进行文字写作时，一定要反映真实的情况。

2.立场要公正

人力资源管理的文书工作，既不能倾向组织的利益，也不能迎合公众不正当的要求，人力资源管理者要客观公正地反映情况。

3.形式要多样

人力资源管理工作涉及的文书，大多是公文，但也有洋溢着热情向员工传递友好的情感慰问信等。涉外单位如涉外宾馆等人力资源管理者，还应该有较强的外语写作能力。

（二）组织能力

人力资源管理者的组织能力是指人力资源管理者在从事人力资源管理活动过程中计划、组织、安排、协调等方面的活动能力。人力资源管理者的组织能力包括以下特征：

1.计划性

人力资源管理活动不仅要明确活动的目的、内容以及活动的方式等，而且要明确活动的顺序。只有明确了这些，人力资源管理活动才能有条不紊地顺利进行，否则将陷入杂乱无章的境地。

2.周密性

要保证人力资源管理活动成功，就要对方方面面的问题考虑周全。作为人力资源管理者不仅要重视大的方面，如活动的内容、形式，而且对一些细小的方面如员工的接待、环境的布置、仪表、仪容、着装等也要足够注意，不要因为细节方面的失误而破坏整个活动。

3.协调性

一项人力资源管理活动并不是少数几个人力资源职员的事，而是需要各方面的配合和支持。所以组织能力强的人力资源管理者也应是一个协调关系的专家。

（三）表达能力

作为经常要和各方联系的人力资源管理者，具有较强的表达能力是很必要的。要善于借助报告、信件、演讲和谈话来表达自己的想法；要学会用笑、点头、拍肩膀来激励手下的员工，通过各种方式肯定下属所取得的成绩；要不失时机地安慰失望者和悲伤者，充分支持和关怀下属,善于与人交流永远都是人力资源管理者必备的素质。在进行交流表达时,必须学会用积极的说话方式,这样既有助于改善态度,也能更有力地影响周围的人。

(四)观察能力

人力资源管理者的观察能力是人力资源管理者在人力资源管理理论的指导下,对周围的人和事从人力资源管理者角度予以审视、分析、判断的能力。人力资源管理者观察能力的强弱对于人力资源管理工作的效果和组织的人力资源、管理状态来说至关重要。人力资源管理者的观察能力可以从三方面表现出来:①对周围的事从人力资源管理的角度予以审视。人力资源管理者的头脑中应有一根人力资源管理意识的弦,把周围发生的事与维持良好的人事关系结合起来。②对周围的事从人力资源管理的角度予以分析。人力资源管理者应能准确地分析周围所发生的事件的前因后果,能够从此预测出人力资源管理发展的趋势。③对周围的事从人力资源管理的角度予以判断。人力资源管理者应能对周围的事物给组织的人力资源管理状态所带来的影响作出正确的判断。人力资源管理者若能做到上述几方面内容,那么便具有了较强的观察能力,便会有利于人力资源管理工作的开展。

(五)应变能力

人力资源管理者的应变能力是指人力资源管理者在遇到一些突发性的事件或问题时的协调和处理能力。人力资源管理工作的内容有时是多变的,因而对人力资源管理者来说,要具备较强的应变能力也成为从事人力资源管理工作的基本要求之一。在人力资源管理工作中,应变能力强不是指一般意义上的应变能力,而是指人力资源管理者在遇到突发性的问题并亲自解决时,使自己的工作对象——员工不受到伤害,始终与员工处在良好的关系上。人力资源管理者的应变能力应包括以下内容:①遇事不慌张,从容镇定。应对突发事件的能力首先要求的是遇到突如其来的事或问题,不可惊慌失措,而要保持镇静,迅速地寻找对策。②忍耐性强,不可急躁。突发性的事件或问题,有些会令人力资源管理者难堪,这时,人力资源管理者要有较强的情绪控制能力,要尽可能地克制,耐心地说服和解释。③思维灵活,迅速想出解决的办法。应变能力不是被动的能力,而是主动的能力,也就是说要根据突如其来的事件,找出解决问题的办法,或变通的办法,使工作不受突发性事件的影响。④提高预见性。应变能力是经验的总结和积累。如果对各种可能出现的情况都有所考虑,那么当问题出现时,也比较容易解决。

（六）交际能力

人力资源管理工作要求人力资源管理者具有一定的交际能力，人力资源管理者的交际能力不是日常生活中的应酬，而是与交往对象即员工迅速沟通，赢得好感的特殊才能。人力资源管理者的交际能力包括下列几个方面：①交际礼仪的掌握。交际有一定的规范和要求，交际活动还要有序地遵守这些规范和要求，如服装、体态、语言、人际距离、宴会的座位安排等。在交际活动中，交际礼仪如运用得当可以大大增强人际沟通的效果。人力资源管理者应通晓这些交际中的礼仪。②交际艺术的掌握。交际艺术是指交际中的技巧，人力资源管理者掌握了这种技巧可以帮助他们更好地、更有效地与员工沟通。交际艺术涉及对时间和地点的巧妙运用，对交际形式的创造性发挥，有助于消除对方心理障碍等。③交际手段的运用。交际能力也可在对交际手段的运用中表现出来。例如，恰到好处地赠送礼品、纪念品；准确地使用语言和非语言；控制自己的情绪等。

（七）其他能力

其他能力包括综合分析能力、直觉能力和认识自己的能力等。

1. 综合分析能力

人力资源管理者因其掌握着本单位的特殊业务而充满自信。然而，面对今后更加激烈的竞争环境，仅仅依靠自信是不够的，还要具有求知的欲望、分析问题的技巧、系统的方法、开放的思想，以及立体的思维。总之，应具备融会贯通的综合分析能力。

2. 沟通能力

人力资源管理者的工作实际上是与人交往的工作。平时，员工不仅仅和人力资源管理者商谈工作，甚至有可能和人力资源管理者沟通生活中的事情。如果人力资源管理者具备沟通能力，与员工建立起良好的关系，它将有助于单位同事之间的信任。

3. 认识自己的能力

成功的管理者往往注重对自身实力、弱点、机会和威胁进行定期分析，这有助于不断提高个人的素质，增强责任感。

除具有上述能力外，人力资源管理者还应该具备健全的心理素质和得当的工作方法。

人力资源管理者应当具有健全的心理素质，具体有以下内容：第一，基本心理素质。

人力资源管理者的基本心理素质包括性格、积极性、心愿、才智、意识、直觉、虚心、有说服力等内容。具体地说，第一，人力资源管理者必须有使人信任的性格和正直的品质。第二，人力资源管理者是主动工作的人。他提出的想法，有成功的机会，同时也有失败的风险。第三，为员工服务的思想。人力资源管理者听取员工的意见，愿意帮助他们成长。第四，人力资源管理者必须有高水平的思维能力。对复杂事物能有效地加以分析，学习得快，并对学习有持续的兴趣。第五，洞察力。人力资源管理者要有洞察力，能够了解员工对单位的重要性。第六，预见和远见。人力资源管理者要有预见和远见，能意识到影响环境和环境中的人们的各种可能情况，能够预测一些事件的发生。第七，虚心和灵活性。人力资源管理者是虚心求教、有新思想的人，具有灵活性而不优柔寡断。第八，有说服力。人力资源管理者应有较强的表达能力（口头和文学），并对人有同情心。

第二，具有情商。

情商是指通过知觉、调整、控制自己的情绪以适应环境需要的能力。生活质量高、工作业绩好的人，往往不是智商高的，而是情商高的人。情商低的人在不顺心时情绪低落，再高的智商也会因不断受到情绪的影响而无从发挥。人力资源管理者一方面是领导的助手、参谋；另一方面，人力资源工作又直接关系到组织成员任免调迁、薪酬福利等员工的切身利益，这种角色特点决定了人力资源管理者免不了受委屈。所以，人力资源管理者必须具有较高的情商。情商的第一要求是具备识别情绪的能力，不但能分辨出自己的不同情绪，还要能准确判断别人的情绪，并且对不同情绪的前因后果有深刻的了解。及时准确地判断自己和他人的情绪，是进行人际交往、做好人力资源管理工作的首要条件。

一般地说，获得良好情绪要遵循以下方法：

（1）管理习惯。人是习惯的动物，每一个小小的习惯都在时时决定着自己的处事方式。习惯导出行为，行为带出感觉，感觉产生情绪。所以，要获得良好的情绪，首先要管理好自己的习惯。无论是起居饮食，还是待人接物，保持自己已具有的良好习惯，改变不良习惯，不断尝试新的良好做法。从一点一滴做起，并且立即开始，持之以恒，决不可坐等奇迹出现。良好的情绪是从点点滴滴的良好行为中积累而得的。

（2）乐观向上。情商高的人会时时处处提醒自己，先看到好的、美的、优胜的一面，把消极情绪压缩到低限度。情商高的人还善于逆向思维。例如，感激伤害你的人，因为他磨炼了你的心态；感激欺骗你的人，因为他增进了你的智慧；感激鞭打你的人，因为他激发了你的斗志；感激遗弃你的人，因为他教会你独立；感激一切使你坚强的人。

（3）与人为善、助人为乐。多为别人着想，多帮助别人，世界会变得更加美好．情绪更容易调整。

人力资源管理要走向制度化、规范化，必须摒弃那些凭经验的、随意性的管理方法。人力资源管理者应掌握以下人力资源管理的先进方法。

（1）任务管理法

这种方法通过时间运作研究确定标准作业任务，并将任务落实到人，这样一个组织中的每一个人都有明确的责任，按职责要求完成任务，就付给一定的报酬。任务管理法的基本要求是规定组织内的每一个岗位人员在一定时限内完成任务的数额，也就是平常说的全额工作量。科学管理和经验管理的区别不在于是否给组织的成员分配任务，而在于所分配的任务的质和量是否是用科学方法计算得来的。用科学方法去计算任务的质量要求，就必须进行时间和动作研究。任务管理法最明显的作用在于提高组织的效率，而提高效率的关键又在于科学地对时间、动作进行研究。

（2）权变管理法

权变管理法的概念是："组织及其管理的权变认为，组织是一个由分系统所组成并可由可识别的界限与其环境系统分开来的系统。权变观不仅探索了解组织与组织环境之间的相互关系，而且了解分系统内和各分系统之间的相互关系，从而得出变化因素的关系模式。它强调组织的多变特性，并力图研究组织在变化的条件下和在特殊的情况下如何进行经营管理。各种权变的最终目标是提出最适用于具体情况的组织设计和管理活动。"这就说明，权变方法是以组织的系统理论为基础，是组织系统理论在管理实践中的运用。权变理论指出了管理人员做选择时四个至关重要的因素：一是组织中人员的性格；二是任务和技术的类型；三是组织的经营活动所在的环境；四是组织面临的变化和不确定程度。大多数研究都是针对后三个因素进行的。运用组织管理的权变方法，首先要求人们善于"诊断"组织和环境的特点，根据组织和环境的特点来确定组织的目标，并调整组织结构，协调组织活动，使组织能适应环境的变化而存在和得到发展。

（3）法律管理法

组织管理的法律化只有通过法律制度才能贯彻和落实，因为组织管理的显著特点之一是法律管理。《中华人民共和国劳动法》等法律法规从法律角度保护企业人力资源管理的顺利开展，为推进企业人力资源管理的顺利进行提供法律依据。因此，人力资源管理者要充分运用国家法律搞好人力资源管理，处理人力资源管理中的各种问题，提高管理水平。

（4）经济手段法

经济手段法是指按照客观经济规律的要求，运用经济手段调节各方面的经济关系，以提高企业经济效益和社会效益的管理方法。在实际工作中，使用的经济手段有工资、奖金、罚款、经济责任等。运用这些经济手段，调节各方面的经济关系，有利于调动广大员工的积极性，有利于提高工作效率和效益。经济手段法的实质是贯彻物质利益原则，使员工从经济利益上关心自己的工作成果，积极主动地开展各项经济活动，实现管理目标。各种经济手段的使用，都有一定的环境和条件要求，在使用过程中，要对经济环境和经济条件进行分析，不能硬性规定，不能机械搬用。

（5）定量分析法

定量分析方法已普遍地被运用到企业的组织管理中。定量技术最重要的作用是迫使管理人员以明确的形式表述一个问题。人力资源管理者在人力资源管理活动中能够量化的工作尽量量化，这有利于增强工作的针对性和可操作性。

第四节 人力资源管理者的培养

人力资源管理者的培养是一项系统的工程。总体上，要按照人力资源管理者的素质要求，采取切实措施，改进其素质，增强其能力，提高其工作积极性。

一、建立人力资源管理者的激励机制

建立有效的激励机制是人力资源管理的关键与难点，但通常所说的激励，往往是指调动领导者的积极性；而有关人力资源管理者的激励问题却研究得很少。其实，企业的激励问题是一个系统工程，政策制定者要用系统的观点来考虑问题，谋求建立一条完整的"激励链"。因此，建立人力资源管理者的激励机制是非常重要的。

随着市场竞争的日益激烈，人力资源管理者将成为各类企业"争夺"的重点。在一些企业中，人力资源管理者缺乏准确定位，从现代企业管理责权利角度分析，这是一个典型的矛盾体。他们收入相当于一般员工，却享有某些特殊待遇和一些职务津贴。用人体制的不规范，堵死了许多人力资源管理者的升迁之路。权责失衡，升迁无望，严重挫伤了人力资源管理者的积极性。企业和人力资源管理者之间仅靠行政权力维系，缺乏共同的价值取向，企业的人才流失在所难免。一个技术工人带走的也许仅是一项技术，而一个人力资源管理者带走的可能是新技术和管理技术，更为严重的是造成员工心理波动和士气低落，这对企业的稳定和凝聚力是一个很大的冲击。随着企业改革的深化，企业的产权结构将发生根本性转变，资本的力量日益显现，企业对人才的需求空前高涨，人才竞争日益激烈。作为企业的核心——人力资源，人力资源管理者势必成为各类企业争夺的目标。目前很多企业的薪酬体制不能留住人才，如果不未雨绸缪，提前做好准备，企业的关键人才很有可能在一夜之间"消失殆尽"。

人力资源管理者是企业的稀缺资源，是实现企业目标的原动力。在企业里，人力资源管理者起到承上启下的作用。企业的管理理念靠他们来传递，人力资源管理工作靠他们来组织实施。人力资源管理者的业务素质和工作态度直接影响企业的管理效率与经济效益。经营者的激励毕竟处于宏观层面上，对企业来说，微观层面上的激励问题往往是最关键的，也是最重要的。人力资源管理者是企业微观层面的核心部分，正确认识它们的价值，重点研究相关激励措施是企业不可或缺的。多数人力资源管理者具有丰富的实践经验和较高的业务水平，是人力资源中最为稀缺的部分。培养一名合格的人力资源管理者，企业需要付出巨大的成本和代价。从一名普通员工成长为一名合格的人力资源管理者，通常需要十年左右时间，投入的金钱更是不计其数。一些具有管理潜质和创新意识的人力资源管理者本身就是企业一种特殊的无形资产，具有不可替代性，对企业的发展关系重大。因此，企业应将人力资源管理者作为一项重要的长期投资来看待，像经营有形资产一样，不断开发他们的潜力，使其为企业带来成倍的收益。

人力资源管理者是基层团队的带头人，是企业理念的传递者。所谓团队必须具备三方面的条件，一是一个具有凝聚力的整体，二是要有共同的愿景和价值取向，三是要有学习与创新能力。现代企业的经营理念是企业文化的核心，是企业在长期实践中摸索出来的，具有深厚的人文底蕴和先进的管理思想，最关键的是要获得员工的认同。在企业经营理念的传递过程中，人力资源管理者是关键的一环，起到承上启下的作用。企业经营理念的传递不同于贯彻一般的规章制度，很大程度上需要员工自觉自愿地接受。如果人力资源管理者缺乏热情和对企业的忠诚，那么经营理念的传递在人力资源管理者这一级就会大打折扣。许多企业的员工乃至人力资源管理者跟不上企业决策层的思路，其原因不是理解不了，而是不愿意接受。人力资源管理者是基层单位的带头人，先进理念的传播者、实践者，其价值取向、学习能力、人格魅力和组织能力构成了团队的内核，对团队成员具有极强的吸引力和导向作用。

　　从需求角度出发，激发人力资源管理者的活力。研究人力资源管理者的激励问题，首先要分析他们的需求状况。马斯洛的需求层次理论说明人的行为是由主导需求决定的，只有未满足的需求才能起到激励作用。而赫茨伯格的双因素理论则认为：工作满意的因素和工作不满意的因素应区别对待。管理者消除了工作中令员工不满意的因素只能维持没有不满的"保健"状态，不会对员工产生积极的激励作用，如工资水平、工作环境、劳动保护等因素，处理不好会引发人们对工作的不满情绪。但处理好也只能预防和消除这种不满，而不能起到真正的激励作用。两种激励理论都有其不同的侧重面，单纯利用其中任何一种都是不够的。在分析人力资源管理者的需求因素时要有权变管理的思想。综合利用两种理论工具，可以较为全面地展示人力资源管理者需求状况，为制定有效激励方法提供科学依据。如果企业人力资源管理者的工资远远低于同行业水平，或者是与经理层的工资水平差距过大，人力资源管理者就会觉得自己所得到的薪酬与主观愿望有很大的差距，其工作积极性和绩效水平就会降低。在这种情况下，提高收入就是一项主要激励措施。如果人力资源管理者收入水平相对较高，那么增加工资就成为"保健因素"不能起到激励作用。此时应该考虑与工作本身所具有的内在激励因素，如工作表现机会带来的愉悦，工作成就感，由于良好的工作成绩而得到的奖励，对未来的期望，职务上的责任感等与自我价值实现有关的激励因素。

　　采用科学方法形成有效激励机制。人力资源管理者是一个特殊的群体，大多都有成就一番事业的目标和冲动。如果简单地采用"胡萝卜加大棒""重赏之下，必有勇夫"等措施，几乎起不到激励作用，有时可能适得其反。对人力资源管理者的激励应采用"动静"结合、"长短"结合的办法。"动静"是指动态与静态激励因素相结合，其中"动态"因素包括绩效工资、项目工资等与工作效果与效率有关的收入；"静态"因素包括职务工资、职务消费等与职务相联系的待遇。"长短"是长期与短期因素相结合，其中"短期"因素包括年度目标奖励、年度绩效评价与评比等以一个年度为周期的激励措施；"长期"因素包括期股期权、长期培训、签订长期雇佣合同等与企业长期目标和可持续发展相关的激励因素。在建立现代企业制度方面，许多企业只关注领导者的激励问题，对人力资源管理者的激励缺乏深入研究。高层管理人员实行了年薪制或期股期权，其人力与管理资本参与企业收益分配，而人力资源管理者的工资模式仍停留在旧体制上，通常情况下，高层管理人员的收入是人力资源管理者的 5 到 10 倍。收入差距过大，使高层管理人员与人力资源管理者的分配机制失去联动效应，"激励链"在人力资源管理者这个环节上断裂。在企业改革过程中,宏观与理论研究固然重要,但涉及企业具体问题的研究也必不可少。缺少了激励研究就失去了操作性和有效性,人力资源管理者此类的激励问题应该引起企业的高度重视。

二、适时进行工作岗位轮换

很多企业领导人认为,使潜在的领导者轮换不同的职责是最有价值的领导才能发展技巧。企业要培养出能够独当一面的复合型人力资源管理人才,内部的岗位轮换可以说是一种经济又有效的方法。

定期改变人力资源管理者的工作部门或岗位,让他们到各个部门或岗位去丰富工作经验,扩大对企业各个工作环节的了解,以使他们对企业的经营管理或其他岗位的职责有更全面的了解,对人力资源管理者提高工作的分析能力和内部的沟通协调能力十分有帮助。不同地域之间的岗位轮换可以增进员工对不同文化的理解,部门之间的岗位轮换,可以提高部门之间的协作,减少部门摩擦。具体形式可以是只在每个部门做观察员,但更有效的方式是让受训者实际介入所在部门的工作,通过实际了解所在部门的业务,包括销售、生产、财务和其他业务,使人力资源管理者"通才化"。

据了解,目前在一些大型的高科技企业和著名外企中实行轮岗制的公司较多,如华为、西门子、爱立信、海尔、联想等公司也都在公司内部或跨国分公司之间实行岗位轮换制。各自的方法又有所不同。例如,华为为了在人力资源管理中引入竞争和选择机制,在公司内部建立一个劳动力市场,目的是促进人才的合理流动,通过岗位轮换实现人力资源的合理配置和激活潜力。他们还明确规定,中、高级人力资源管理者必须强制轮换。

三、对人力资源管理者做好辅导

为提高人力资源管理者的素质,不少企业重视对人力资源管理者的辅导。具体做法类似为每一位人力资源管理者配备一位导师,导师应是企业中富有经验的资深人员,他有培养被指导人的责任和义务,在日常的工作中对被指导者进行在职知识指导和提出职业发展规划建议。

通用电气公司对管理人员的培训就包括这种导师制度。例如,通用电气公司在公司内部、外部都选一些表现很出色的、他们认为将来可能成为领导人的人，然后给他们配备一些资深的高级管理人员做他们的导师，帮他们筹划职业计划，指导他们工作，公司会为他们提供一些课程。在通用电气公司，各级人员的一项重要工作内容，就是在实际工作中对下级人员进行培训，提高下级人员的管理水平。培养下级人员差不多要占去一个管理人员大半的工作时间。因此，该公司能不断涌现出各种管理人才。通用电气公司每年还要去大学或研究院聘请获得管理硕士学位的研究生，经过一段时间培养观察后，再派往一些公司担任职务。

英美烟草集团的见习经理管理培训计划也非常有特色。被选中的"见习经理"除了业务上的导师，还单独安排一位在集团工作5年以上、经验丰富的资深经理担任导师，教授他们如何培养领导能力、如何与人沟通等职业经理人的工作技巧与处世原则。集团还制定了见习经理与导师每周面谈的制度，同时也教见习经理和导师之间随时沟通。有时见习经理和导师在不同的城市工作，公司就会安排他们每两周见一次面，由集团负责来回机票和餐饮住宿等费用。

另外，还有一些公司用较有经验的现任人力资源管理者作为直接下属或新进员工的导师，负责对其直接下属的辅导，给下属下放职权，提供学习管理的机会和帮助。这种方法有助于确保当现任人力资源管理者因退休、提升、调动、辞职等离开岗位而出现职位空缺时，企业能有训练有素、熟悉业务进展情况的人员顶替，避免导致较严重的衔接问题。

四、人力资源管理者参与企业决策

让人力资源管理者参与企业的重大决策，是提升人力资源管理者能力和素质的重要手段。很多企业让人力资源管理者参与高层次会议，让他们就高层次管理问题，如组织结构、经营管理人员的奖酬制度、部门之间的冲突和协调等提出自己的建议，供企业董事会参考。这样可以为人力资源管理者提供分析和处理整个企业范围内的高层决策问题的机会与经验，促进他们成长。同时，让人力资源管理者参与企业的重大决策挖掘了管理者的创造力，给管理层的管理带来了新思路。这一过程本身又促使人力资源管理者仔细研究政策问题，为自己的决策承担责任。特别是在企业酝酿变革的时候，采取这种方式让人力资源管理者更多地了解企业发展，让他们有更多机会参与决策过程，因此非常有利于人力资源管理者了解公司的发展状况，支持企业的发展。

五、塑造人力资源管理者健康的人格

塑造人力资源管理者的人格品质可分为以下几个方面：

（一）充实考评内容

一直以来，企业对人力资源管理者的考核与评估过多着眼其工作表现和业绩，而几乎不关注人力资源管理者个人智力价值的发挥与实现、心理素质的养成以及人格的塑造。实质上，从人格的内涵和外延两个方面考察、评价人力资源管理者行为，并积极引导和发现他们的优良品质，进而提高其综合素质，这是企业重要的责任之一。企业的人力资源管理应立足长远战略，通过人格塑造和针对性的评估，以建立人力资源管理者的人格档案。同时，管理者要避免强制性灌输，运用心理学技巧，对人力资源管理者进行个性化的成才设计、形象策划和挫折咨询等辅导。

（二）纠正观念偏差

目前，我国企业界在人力资源管理者的选聘与任用上，常常侧重从企业短期目标导向出发，只偏重人力资源管理者的文凭与知识，因此把人才价值等同于专业技能，却很少深入到人格层面考验他们，因此缺乏参考价值。最新理论研究表明，个人的专业技能与知识结构同其人格发展成正比例关系——良好的人格有助于专业技能的提高和发挥。因此，企业应转变自身的人才观念，在招聘、日常管理和人才培养等环节，充分考虑人格因素，建立相关测评体系。

（三）拓宽培训视界

目前，众多跨国企业已开始从人格塑造的角度，研究培养人力资源管理者良好的心理素质与完美的人格。企业人力资源管理者培训与学校教育的本质不同在于，学校仅让学生知道别人也知道的知识，因此学校教育期间只需要学生具有一般的人格；而企业对人力资源管理者的培训往往要求他们学会别人尚未掌握的知识，所以需要对人力资源管理者进行特殊的人格培养。企业培训的特点决定了"学习型企业"并不等于"学校式企业"，其培训功能不能局限于知识的灌输，高科技企业也不例外。企业对人力资源管理者的人格教育与培训不能完全以课堂教学的方式进行。企业可以采用更为灵活的办法,如"以会代训",通过会议向人力资源管理者传输新知识;以责代训,通过轮岗、承担项目等形式授权人力资源管理者负责;阶段性特定角色,通过角色转换,培养、锻炼和提高人力资源管理者能力;"以教代训",安排有经验的人力资源管理者承担培训新人的任务,让其得到特殊的培训,提高纵观全局以及与人合作的能力。

(四) 关注人格

目前,越来越多的企业把支持教育发展视为自己的社会责任和发展机遇,并将某些学校的学生视为企业未来的人力资源。企业在经济资助之余,要刻意提前介入学校教育,关注企业未来人力资源管理者的人格教育,以本企业的理念道德影响和改变相对封闭、抽象的学校教育。此外,企业从学校直接招聘人力资源管理者,应从学校得到毕业生成长与现状的材料。但是,目前我国绝大多数毕业生的评语、鉴定只有寥寥数行文字,无法全面反映学生的心理素质与人格特征。因此,如果企业不提前介入教育阶段,对学生施加道德影响,会增加大学毕业生入职后的管理难度。

六、进行反馈和评价

每个人的认知都存在四个部分:第一部分是竞技区,就是自己知道别人也知道的部分;第二部分是掩饰区,是自己知道别人不知道的;第三部分是盲区,别人知道自己不知道的;最后一个是未知区,自己不知道别人也不知道的。同样,在对自己的认知上,每个人也都存在一个盲区,只有得到别人的反馈,才能全面认识自己,才能了解自己的优点和需要改进的地方。因此,很多企业推行了反馈评价办法,据此对人力资源管理者进行培养。

在具体操作中,通过人力资源管理者身边的上级、下级、同事对其本人的评价,发掘出人力资源管理者自身的优势和劣势,帮助人力资源管理者本人清晰地认识自我,并在未来的工作中加以改进。对人力资源管理者胜任力的评价分为计划、质量管理等几个大指标,每一个大指标下又分多个子指标,以保证每个指标都是切实的、可评价的。评分结果短,但要相当实用。因为上面很清晰地列出被评分者的强项与不足,更给出人力资源管理者今后注意提高的详细建议。

当然,除了上面提到的几种方式,企业还可以对人力资源管理者采用有针对性的一些管理课程进行培训。现在市场上有各种各样的培训课程可供企业选择,企业可以根据企业中人力资源管理者的实际需要进行选择。总之，在任何一个企业，人力资源管理者的培养都是一个长期持续不断的过程，企业需要综合考虑培养目标、培养内容、培养对象及企业资源等因素，在具体的管理实践中不断摸索、创新，将这些工具变成适合自己和属于自己的管理方式，才能在竞争中取得优势。

第六章　互联网时代的人力资源管理

移动互联网时代，是一个人本意义凸显的时代，也是一个生态人的时代，生态人具有活性和活力，具有"妙性"，因此生态人是活力和"妙性"的合体，生态人力资源体系是具有活力"妙性"的体系。沿着人力资源互联网管理的新时代航线，找到移动互联网时代人力资源管理"实践风口"，去发现隐含在这个管理实践背后的生态人力资源体系。

第一节　互联网时代人力资源管理面临的机遇与挑战

改革开放 40 多年来，中国经济的发展方式正由粗放型向集约型转变，中国企业的扩张模式也由"硬扩张"向"软扩张"转变。企业依靠粗放式的资源投入、低劳动力成本的优势、对环境的漠视与破坏、对产业价值链的挤压完成了量的积累；但这种硬扩张模式也带来了诸多问题，如人才、技术、品牌与管理的短板及"软实力"的缺陷，管理的粗放与领导力的短缺等。中国企业自身在这个过程中累积的问题与矛盾处于总爆发的临界点，正进入新的战略转型和系统变革期。中国企业发展已进入质变时代，正在追求两个层面上的回归：一是通过打造基于价值观的新领导力，推动人力资源升级，实现文化与人的回归；二是强化管理者的基本功，激活人才的价值创造，提升人力资源效能，实现科学管理与效能的回归。中国企业的质变与转型对人力资源管理提出了新的要求，在这一时期所面临的人力资源管理问题是空前复杂且具有挑战性的。

一、人才管理的新整合和新功能

移动互联网时代，人力资源管理原有的功能发生了变化，形成六大新特征，称为六度组合。原有的基本功能根据新的时代需要进行重组，产生了新功能，创造了新价值，人力资源创新管理思维萌发，形成六度组合。

（一）强文化

越是优秀的企业，越具有极为鲜明的和有力道的企业文化。区别不同企业的，不是产品而是文化，产品不过是泛文化的一个物质内涵，文化赋予企业员工本体论意义上的存在感，凝聚了强大的人气场。与人气场相合，员工就会如鱼得水；不合，则员工发展受到阻碍。优秀企业，无不具有鲜明的、高"颜值"和厚功力的强文化。

强文化，就是强意义，远远超越生存的底线，在"质量如今已经不再是一个目标参数，而是一个不言而喻的先决条件"的时代，在后物质时代，甚至后（工业时代）管理时代，解决人的本真精神问题才是以人为本。

（二）自组织

组织是企业聚能和放能方式、商业模式和核心文化需要相应的组织方式。移动互联网时代，以彻底满足用户为商业模式的核心，以积极应对不确定性为管理宗旨，以充分释放员工能量为人力资源管理追求，他组织不再作为唯一的组织方式，而只是组织的一个端点，而另一个端点则是自组织。企业要在他组织和自组织所构成的组织空间内不断调试，在有组织内部以无组织或者自组织的手法，营造新的人能聚合和释放的方式方法。他组织与自组织是"两极相通"，是一个大系统里的两种状态，或者是两极。自组织里面一定会产生他组织的要求，他组织里也一定有自组织的诉求。

（三）绩效力

绩效不仅是一个管理工具，绩效是一种力量，是高素质人才所具有的并且真切地迸发出来的力量。这种力量是所有新产品得以源源不断问世的内推力，是衡量不同生态位价值高低的职业生命力，绩效力一旦得以激发和释放，便会产生满足用户所需，推动企业发展的"价值力"。绩效力是优秀和平庸企业之间最为显著的外在特征。绩效力是一种自然的力量，如同重力和引力，优秀的人聚合在一起，自会构成或者形成一种力量，本质上是人的力量，是创生之力。

（四）重激励

优秀企业不会追求激励的平均化，激励的平均化对企业人力资源的效能如同致命的"黑魔法"。优秀企业均采取了强激励措施，充分运用整体报酬体系里的各项激励"无敌装备"，高度正激励成为常态。激励不到位几乎是绝大多数企业管理的通病，不能尽人之性，则不能尽物之性，生产力也得不到充分利用。高绩效永远要有一颗高激励之心。其核心在于，在物质的基础上，讲好精神的故事，在人才能够脱颖而出的平台上，建立更合理的利益结构。

（五）轻足迹

轻足迹的含义是："步履轻快、快速精确，以及运用小型、有自主权、消息灵通、装备高端的团队。"以更小的企业结构、规模和数量，用小投入谋求大产出。这一切在本质上是管理智慧的体现，是当今管理仿生观和生态观的体现。

轻足迹管理的核心是价值管理而非资产管理，企业需要有一只"轻轻推动要害的手"，保持积极期盼和智慧的警醒。工业时代的管理者们已经建立了足够的规则，建立了基于这些规则的重装、重型管理。后物质时代、后（工业时代）管理时代，正是企业轻装上阵的时候。

（六）生态位

与大工业时代分工过细的职位相异，移动互联网时代的人力资源具有的是生态位，它不依赖于传统科层组织的纵向阶梯，而是取决于在企业大生态系统和企业管理生态系统中的独特位势。这个位势是可变的、易变的、能力综合的，可以自组织的方式与其他人员互联互动，在为其他生态位提供滋养中实现自我价值。传统的职位所蕴含的人力资源管理信息，如等级、权责、价格、资格等并未取消，但是需要在更广阔的视角中进行理解。生态位是生态人力资源管理的核心和网络节点。

生态位是由关联关系构成的位置，由关系、信息、价值、连接等所形成的、多维的空间位置和时间状态，是生长的，是不断变化又高度协同的，每个人都可能有无数个这样的位。不过，目前每个人几乎都被钳制在一个固定的实体点上，而无法实现移动互联网世界的生态位。

二、互联网时代人力资源管理新模式

传统的人力资源管理模式满足于既定的、已有的、成熟的、教条式的思维方式和行为方式,将自己封闭在职能管理的圈子里,陷入文牍模式或者表单模式,脱离生产和工作现实,不能适应互联网时代的速度和节奏。进入互联网时代以来,越来越多的人力资源管理场景与业务场景融合,人力资源管理的"纯粹性"越来越受到挑战,与业务接轨,成为业务伙伴,甚至推动创新,成为新要求。这就要求传统的人力资源管理和人力资源管理者们,务必实现两个转变:从纯粹的人力资源专业到商业化视角里的人力资源能力,从职能管理的僵化教义到解决现实问题的创新方法。

在互联网时代背景下,人力资源管理者要紧跟时代,做好人力资源管理工作。而STBM,即社会(Society)、技术(Technology)、商业(Business)、管理(Management)成为互联网时代人力资源管理的核心视角。

(一) 社会

2015年3月,李克强总理在政府工作报告中提出"大众创业,万众创新",不久后又提出"互联网+战略",这宣告了我国经济发展方式已经由粗放式发展向高质量发展的转变。随着经济发展方式的转变,人才主权、人才众筹、人力资本越来越重要,以人为本已经成为社会背景。可以说,对以人为本的理解将直接决定人力资源管理的水平。

(二) 技术

5G时代,人与人、人与物、物与物之间的无线连接日益普及。大数据、人工智能、云计算等新技术方兴未艾,对生产和生活产生了深刻的影响。5G将在不远的将来全面应用,物联网时代终会来临,新技术必将对人力资源管理产生革命性的重要影响。

(三) 商业

HRBP(Human Resource Business Partner),即人力资源业务合作伙伴,含义是人力资源要努力向业务看齐,争取成为业务部门的伙伴,而不是负担。互联网思维中,排名第一的是用户思维。企业的所有用户都在企业外部,企业内部的所有部门都是成本中心。即便是企业的业务部门,也是成本中心,其存在的价值是满足企业外部客户的需求。因此,人力资源管理者不是业务的商业伙伴,人力资源管理者和所有人员一样,都是用户的商业伙伴。业务部门如果不以用户为中心,不能够真实准确、及时、高效地反映用户诉求，其商业伙伴的地位就有了问题。

优秀企业的人力资源和业务部门已经结成了利益共同体，成为股东，而股东大于商业伙伴。人力资源要找到不从属或依赖于其他任意一个企业内部部门而定位的坐标系，还要有得力的工具。移动互联时代的人力资源管理，要建立以"问题、焦点、场景、招法"为要义的新管理逻辑。但凡人力资源工作，都可以明确问题，从而锁定边界；提炼焦点，从而把握要害；还原场景，从而体会用户；确定招法，从而解决收官。所有这些招法，本质都是人力资源从纯粹专业视角和思维模式走向商业视角与思维模式的要求及体现。

（四）管理

经济学家提出人力资源管理的"五人理论"，其基本含义是：一人，满足人所需（目的），满足人的多种需求；二人，依靠人来作（根本），依靠人来推进落实；三人，制度引导人（激励），激励人的积极性和创造性，同时约束人的机会主义行为；四人，资源装备人（升级），利用自然、资本、知识为人赋能和升级；五人，分工安排人（组织），通过组织优化、岗位轮换、工作变化、分工协作，让每个人各得其所。这个理论可以作为互联网时代人力资源管理的专业理论基础，它意味着，在传统时代以普通要素，即大众人力资源或者一般劳动力为主的人力资源管理，要转型升级为以高级要素，即以技术、知识、人才、信息为主的人力资源管理，要实现从普通要素管理到高级要素管理，通过制度变革、结构优化实现管理体系升级。

三、"互联网+"时代人力资源管理的战略变革

（一）"互联网+"时代的人力资源管理变革

企业的人力资源在互联网时代会出现何种变革，管理的思维又会发生怎样的变化，如何重构互联网时代的人力资源管理模式，下文综合众多学者的观点，认为互联网时代掌握人力资源管理应该结合以下三个方面的内容：

1.跨越员工与客户的边界

移动互联网时代的员工与客户之间的边界被打破，在这种模糊的角色转换过程中，二者共同为用户创造价值的同时，也在为企业源源不断地贡献价值。

例如，小米庞大的粉丝群体已经成为小米手机的创意来源及传播小米品牌的中坚力

量，人力资源管理的边界被打破，人力资源体系与客户开始相关联。由此，互联网时代，员工与客户跨越彼此原有的界限融合在一起，共同创造价值。

2.大数据时代的人力资源管理战略

互联网时代，大数据的应用给各行各业带来了一场新的革命，大数据分析技术的应用使人力资源决策的科学性得到大幅度提升。

个体与个体之间及个体与组织之间进行沟通所产生的大量数据使人力资源的程序化决策有了海量的数据支撑，为将来程序化决策的全面实现打下了坚实的基础。由于管理者地位的提升，其面临的不确定性增大，决策的难度也在逐渐增加，这种取决于管理者的理念与意志的非程序化决策需要有大量的数据作为参考。

由此，企业在运营过程中对大数据的应用应该注意以下要素：

（1）企业要注意对员工工作信息进行收集，对员工之间的交流数据进行统计。

（2）利用大数据分析确定员工的价格预期，从而制定切合实际的基本策略。

（3）以大数据分析岗位体系，要求工作效率的最大化，提高企业人事决策能力。

（4）以大数据分析劳资关系发生矛盾的临界点，尽可能规避不必要的冲突。

人力资源管理体系发展到一定的阶段需要有精通数学的人才参与，大数据的应用开始使人力资源管理进入量化阶段，出现了"数据化人力资源管理"的新概念。之前国内开发人力资源管理软件的企业基本都处于亏损状态，其根本原因在于这些企业耗费较大的资源去开发软件，却没有考虑到当时企业是由极具个性的管理者所制定的非程序化决策。

大数据分析技术的应用开始使企业的非程序化人力资源决策转入程序化决策，这使企业人力资源决策相关行业的从业者开始有了施展才能的空间。从业者利用大数据分析技术为企业提供人力资源以及客户资源的数据发掘服务，另外这些人力资源软件公司必须要有真正懂市场、懂运营的管理者坐镇。

未来的软件公司再想要靠技术取胜难度将会非常大，比拼的将是软件内容及分析方法。没有擅长企业运营、了解市场走向、懂得消费者需求心理等方面的相关人才，仅靠一些技术方面的人才无法使未来的软件公司赢得企业的信赖。

只有那些精通企业运营，善于从海量的数据中发掘出消费者需求信息，能够总结出市场的发展趋势，从而进行科学的人事决策的企业管理者，才能带领公司从商海之中脱颖而出、铸就辉煌。

3.从线性结构到网状结构的变革

过去的企业组织结构为自上而下的线性结构,而到了互联网时代则演变成为一种网状式并联的结构体系,企业的运营者不再是组织结构的核心,更加侧重的是以消费者为核心,以消费者的价值需求为导向。之前的企业最高决策权掌握在企业的运营者手中,而现如今的发展趋势是员工成为其工作领域的最高决策者,员工可以将自己的才能尽可能发挥出来,每一名员工可以高度自治,在未来,企业的老板将变为一种企业精神的象征。

海尔的创始人张瑞敏面对互联网的不断冲击时提出:"企业无边界、管理无领导、供应链无尺度、员工自主经营。"这正是一个历经几十年沉淀的企业家在互联网时代对企业人力资源管理所提出的先锋观点。过去企业的领导层管理权非常集中,呈现自上而下的单一管理结构。互联网时代管理层的领导权开始趋于分散,谁与客户的交流最为密切,谁就会成为实现企业价值变现的关键环节,谁就拥有最高的决策权。

微软公司将员工分级制度废除,提倡人人都可以成为公司的核心,都能成为掌控公司资源调度的核心。

(二)重构"互联网+"时代的人力资源管理体系

1.建立以提升员工价值体验为目标的人才互动渠道

随着移动终端的普及,人们已经进入一个随时随地都能进行"互动"的时代,在呈现出网状结构的企业组织中,企业所追求的网络化经济效益亟待加强。在并联形式的组织机构中,若想要获得话语权,就必须创新企业的产品与服务,并使其创造出巨大的价值。而做到这一点的前提是要足够靠近客户并创造出足够的附加值。这就意味着,每一个员工都有成为组织运行中心的机会。

因此,人力资源管理应将互联网时代的努力方向放在"互动"这一关键点上,使企业与员工能够通过不同的渠道来进行互动。这样一来,每一个员工都能够从中找到自己的价值所在,并能够激发出自己的潜在价值,促使企业人力资源更进一步发挥作用。

若要达到上述效果,人力资源管理必须先转变观念,尤其是对"人才"认知的观念;充分认识到人才是企业最增值的资源,树立"以人为本"的管理思想。所以,在管理方法上就不能再沿袭以往的控制手段,而要将其视为人力资源产品与服务的设计及体验者。

在这样的管理观念指导下,人力资源管理者的日常工作重点应为员工价值体验的提升。为了实现这一目标,企业可以通过打造各类相关平台,员工则可依托这些平台来参与制定人力资源管理策略、研发相关产品并进行设计与体验。

2.建立以使命感为基础的人才激励机制

在传统的企业激励机制中，人才激励机制建立和实施的基础是契约。也就是说，企业与员工在此方面存在约束与被约束的关系，即薪酬与福利都是建立在企业的规章制度上。激励手段多以奖惩的名义，所以员工在这方面较为被动。

然而，进入互联网时代之后，人的观念有了翻天覆地的变化。员工在工作过程中不再是被命令去做什么，也不再有外界的种种约束，而是凭借自身强烈的自我驱动力和自我管理能力为企业创造价值。于是，企业与员工就能够上下一心，拧成一股绳。换句话说，促使员工激发潜力、创造价值的并不是规章制度中的实际奖赏，而是建立在与企业彼此信任上的使命感。所以，人力资源管理是基于使命感而建立的新的激励机制。

为了实现这一目标，人力资源管理的激励重点应该侧重于拓展员工的事业，由此来激发员工的主动性与创造性，并在这个过程中培养其责任心，构建一个更适合员工树立自己远大理想的企业平台，促使员工在这样的环境里充分调动自我驱动、自我管理的能力去实现自己的目标，并借此促进企业的发展。

3.建立以大数据为手段的人才管理依据

在人力资源管理的范畴内，真正基于理性运算的部分并不多，仅仅是在薪酬方面有所涉及，剩下的多是一些非程序化的决策。所以，人力资源似乎与数据之间并无紧密的联系。

其实不然，在移动互联网飞速发展的今天，大数据时代已然到来，人与人之间的互动、网络行为的伴生等这些区别于传统意义上的大数据已经在各个领域里爆发出了巨大的能量，在人力资源管理的领域，自然也不例外。大部分非程序化决策完全可以借助大数据挖掘与分析来走向程序化。

此外，大数据还可以向管理者提供管理内容的科学依据。例如，现在的人力资源管理已经提高了对人才的重视，如何才能充分地挖掘人才的价值，并将之放置于正确的岗位是极为重要的一个环节，而与人才相关的数据分析就能够为这一环节提供重要的决策依据。

总而言之，互联网的飞速发展在给传统行业带来颠覆的同时，也为之提供了更为广阔的发展空间。在"互联网+"的经济发展新形态下，传统行业能否顺利地向互联网转型是其生存下去的关键所在；而要做到这一点，关键在于人力资源管理能否重构适合本企业的管理方式。所以，企业对此进行重构时必须要用互联网思维来武装自己，构建出符合互联网时代人才发展与管理特点的策略与手段，促进企业成功转型。

(三)构建新型人力资源管理模式

在新时代的人力资源改革中,虽然人力资源管理者在对人才的管理上可能会达不到供应链部门中的精细程度,但是其在改革中学习和借鉴供应链部门的经验对新型人力资源管理模式也具有重要的意义。

与以往的人力资源管理运作模式相比,新型人力资源管理运作模式在组织架构、人力资源管理战略、管理流程、技术指标和人力资源管理能力方面都有着明显的区分。新型人力资源管理运作模式需要更坚实的基础,而且在资源、技术和流程方面也需要进行有效变革和提升,从而满足新型人力资源管理模式的要求。

因此,尽管完成新的运作模式的转型还需要时间,但是已经有企业开始进行实践,并取得了较好的效果,为日后的成功转型奠定了重要的基础。新型人力资源管理模式的主要特点如下所述:

1.定义产出

关键的人力资源管理产出能够为企业创造更高的价值。因此,需要明确定义人力资源管理需要驱动的产出,并确定这些产出如何能够帮助业务实现目标。企业应该对现有的人力资源管理举措进行有效的评估,调整在人力资源管理方面的投资及资源配置,保证产出流程的正常执行。

2.重新设计流程

人力资源管理者应该将眼光放在能够驱动业务价值的几个关键的人力资源管理流程上。例如,对人才供应渠道的改善及对人才能力的培养等。

在新型人力资源管理运作模式中,对人力资源的规划应该成为人才供应流程的起点,中间的流程包括对人才的选拔、评估、甄选、入职,而对员工的绩效评估则作为流程的终结。

人力资源规划可以帮助人力资源管理者更准确地识别和预测企业在人才方面的需求,从而更好地帮助企业招贤纳士。人才供应流程的负责人还应该与人力资源管理部门中的其他职员,以及业务部门保持密切联系,帮助企业定义雇主品牌,对人力资源趋势进行分析以及预测,并改善人才获取的渠道,为企业的人力资源利用提供一个良好的条件。

此外,人力资源管理者还要对雇佣的人力资源进行跟踪监控,了解他们在入职后的表现,并根据他们各自的能力以及特征将其安排到合适的岗位上。重新设计流程,关键在于打破各个部门职能壁垒,通过跨职能的合作实现端到端流程的建立。企业管理者还应该对流程负责人实现充分授权，让他们能够充分发挥自己的聪明才智，促进结果的实现。

3.探索架构变化

在定义了人力资源管理的关键产出之后，就需要采取具体的措施来对人力资源管理部门进行调整。人力资源管理部门的调整既可以很简单，即只要拓宽职能负责人的管辖范围即可；也可以很复杂，即需要对企业的组织结构进行改革，并选拔大量的流程负责人对人才供应流程进行管理。

流程负责人在新的运作模式中主要负责企业在一些领域的驱动关键产出。例如，人才的供应和管理、人员的培养、人员绩效、雇佣关系的建立和管理等。

同时，在新的运作模式中还需要人力资源管理运营负责人，其主要职责是管理事务性工作交付或者外包服务，可以对企业的各项指标进行管理，并在广泛收集数据的基础上进行数据分析，为企业战略的制定提供重要的参考。

4.提升人力资源管理能力

很多企业的人力资源管理转型失败，很大一方面原因是企业只是对现有的人力资源管理进行简单的角色分配，而期望他们能够为企业交付新的服务。

人力资源管理者在能力以及素养方面是存在一定的差距的，因此很多人力资源管理负责人都开始重视对企业现有人力资源管理者人才能力的评估，但是很多人力资源管理者的能力还不能满足新型人力资源管理运作模式的需求。

人力资源管理转型的一个关键就是能够为企业选拔满足职位需求、拥有较高能力的员工，并让他们在关键的岗位上充分发挥自己的聪明才智。一般企业的关键岗位需要的是比较高水平的人力资源，包括流程负责人和业务伙伴等，他们在关键角色中发挥的作用有时候甚至事关企业的成败。

流程负责人要在企业内创建无缝的、端对端的流程，将流程中的所有部分都紧密地联系在一起，同时还要保证人力资源管理能实现关键产出。

此外，流程负责人还要将员工从事的单点活动与公司的整体业务产出联系起来，从而保证单点业务与整体业务的一致性，以更快地推动企业目标的实现。他们不仅要控制流程中所需的资源，还需要对流程的进展情况进行实时监控，从而及时发现问题，提出有效的改善建议，保证流程的正常运作。人力资源管理的业务伙伴在企业的组织发展方面需要扮演更专业的角色，帮助业务负责人制定和执行业务战略，协助流程负责人制定人力规划战略，识别关键角色，充分挖掘他们的能力；开展继任计划，协助企业管理者管理员工绩效；同时为企业的变革管理提供重要的支持，并保证业务领导的活动不与企业当前的文化相冲突。

5.识别新的指标

人力资源管理者应该将目光放在与核心流程和产出密切相关的数据指标上,但是在实践过程中,人力资源管理者由于不能对价值主张进行清晰的陈述而导致缺乏合适的衡量指标。

流程负责人可以通过合理的指标更清楚地了解和掌握流程的执行情况,从而发现流程在运作中的问题,并追本溯源找到问题的症结。例如,在人才供应中,关键指标包括合格的申请人比率、邀约的接受率、申请人的合格比例、新员工的绩效合格率等,这些都是值得关注的关键性指标。通过对这些指标的了解和识别,可以帮助流程负责人在挑选人才的时候根据不同的需求,如有较高的邀约接受率、新员工绩效更好等要求,选择合适的人才获取渠道。简而言之,对这些指标的识别,可以有效改善人才供应流程,帮助流程负责人更好地开展人才选拔工作。

新型人力资源管理模式的出现动摇了原有人力资源管理部门运作的根基,采用了一种全新的思维方式来思考以及解决问题。因此,这就需要人力资源管理者有一个更加明确的价值主张,并且要重新设计和调整原有的人力资源运作方案及流程,通过对业务的关注获得更多的价值。

新型人力资源管理模式的出现为人力资源管理部门带来挑战的同时,也提供了重大的机遇,可以帮助人力资源管理部门摆脱困局,实现真正的成长。新型人力资源管理模式打破了传统人力资源管理模式的孤立现象,将其与整体的业务连接在一起,注重企业的整体产出,同时也有利于培养企业管理者系统性的思维方式。

更重要的是,新型人力资源管理模式可以让人力资源管理者更好地理解自己的贡献与业务需求的匹配,从而激发他们的工作积极性,为企业贡献更多的力量。

当前,已经有部分企业开始实践新型人力资源管理模式,它们已经成为这种新模式的先驱和领跑者,这些企业有着共同的特征:不管是业务领导者还是人力资源管理部门负责人都始终抱着同一个目标,就是依靠组织及人才战略建立企业的竞争优势。

第二节　互联网时代人力资源管理与传统人事管理的差异

移动互联网时代，人力资源管理不仅要考虑"转型、转化、转变"等问题，更要考虑在 STBM 框架下的转型问题，即要能够根据社会、技术、商业、管理四大要素的自身变化和相互之间互动所构成的新组合，不断进行变形，以自身的柔性和弹性来应对与适应 STBM 的变化。人力资源管理不能固守某一个引进的形态或者某一种引进的模式，而要回归根本，从人力资源管理的三个核心问题出发，进行深入的思考。人是人力资源管理最为根本的立足点和出发点，同时人力资源工作结果变形为产品，人力资源管理者变形为产品经理。

一、大数据时代企业人力资源管理的转型升级

（一）大数据时代的商业机遇与挑战

大数据最显著的标志之一就是数据量大。虽然大数据的数据价值密集度较低，但是其商业价值极高，数据分析反馈迅速，时效性强。

"大数据"一词最早出现于 20 世纪 90 年代，其是由被誉为"数据仓库之父"的比尔·恩门提出的。这一概念最初用来表述数据集，即在更新网络搜索时需要同时进行大批量处理或分析的数据集。后来这一概念得到延伸，在形容大数据集的同时也用来形容数据处理的速度。

在当今时代下，大数据具有极其重大的战略意义，但其战略意义并不体现在大量数据信息的掌握，而在于其是否能够对这些数据进行专业化处理，迅速从中提炼出有效信息。换句话说，如果数据是原材料，那么要想获得更高的商业价值，就要对原材料进行再加工。

从技术层面来看，大数据和云计算有着极为密切的关系，二者不可分割。大数据必须要依靠分布式结构进行大规模数据挖掘,这是不可能依靠单台计算机来完成的。所以，云计算的分布式处理、分布式数据库及存储、计算等诸多技术就会为大数据所用。

数据要想发挥价值，就必须要有专业的人员在恰当的时机对数据进行恰当利用。而

如何对无用的价值和有用的价值进行区分,则是一个较为困难的问题。不少企业掌握着大量信息,却只是将其简单堆积,不会有效处理。只有对信息数据加以分析利用,使其转化为战略转变的工具,才能发挥其真正的价值。

如今,数据正在逐步向人们生活的各个方面渗透,同时大数据所带来的挑战也会涉及更多的方面。在大数据时代下,各种资源不断整理融合,在彼此的摩擦中极容易创造出新的模式。此外,数据在企业中的重要性也更大,逐步作为企业的生产要素对企业的决策起到愈加重要的影响。

(二)大数据对企业人力资源管理的影响

从管理学角度来说,管理是艺术与科学的结合。因为,管理的对象是人,可变与不可预见因素太多,无疑给管理带来了很大难度。其中管理对象可定量度低,因此在管理过程中人力资源管理量化不够。以上因素导致人力资源管理过程中很难被客观评价,而且管理的专业性也很难得到认可。

但在大数据时代下,人力资源管理将发生很大的改变。

1.可提高人力资源管理的专业性

在人力资源管理的诸多环节中都可以借助大数据技术来使得原本不可测的管理过程做到测量、记录、分析等步骤都能有迹可查,因此极大提高了人力资源管理的专业性。

2.有助于人力资源部门发挥人才管理的优势

在大数据的帮助下,人力资源部门对人才的选拔、激励等职能的价值将会得到更好的挖掘,工作效率大大提高,因此也逐渐会成为业务部门甚至是整个企业的决策所倚重的对象。

3.帮助优化人力资源产业链

在大数据的作用下,人力资源全产业链都将发生巨大变化,其中包括人力资源部门、中介机构、行政管理部门等。全产业链由此可以真正以"人本思想"为中心,实现产业链上游和下游的资源战略共享,包括数据、测评工具以及人才发展理念等,促成人才价值提升及人才共享交流,以大数据平台技术为支撑实现真正的交流共享。

4.有助于进一步强化人力资源管理中科学和艺术的配合

具体来说就是让应该科学处理的部分更加具有科学性,应该用艺术对待的部分更加具备人性化的智慧。

当然,大数据在给人力资源管理带来便利和机遇的同时也带来了极大的挑战。因为,大数据技术与人力资源管理的结合并非易事,这几乎是对整个行业的颠覆。如何对大数据的结构、构思等部分进行有效运用,是企业管理者需要认真考虑的问题。

(三)大数据如何优化企业人力资源管理

1.重视大数据的作用

大数据时代的到来意味着企业的经营环境也发生了很大变化,新特点是决策以数据为依据,数据进行网络共享,信息系统作为数据集成的平台。

人力资源要想发挥自己更大的价值并且拓宽自己的职能,专业化水平的提升是关键。而大数据在提升专业化的过程中发挥着极为重要的作用,其利用互联网技术科学规范人力资源管理,使得每一个步骤都在向专业化的方向靠拢。

未来人力资源行业的发展势必会以依托大数据、云计算为发展趋势,人力资源管理模式的升级要全面充分地掌握数据,重视数据的准确性和权威性,随时对数据进行动态监测。与此同时,企业还应当实现在数据与最终人才价值与利益之间的转化,借助外力来提高人力资源管理的质量。

2.促成人力资源管理的创新

在大数据的帮助下,人力资源管理将由原来多依靠经验进行管理向更加科学规范的管理方式转变,其中的选、育、用、留等过程都可以逐渐量化查询。如此一来,管理过程以及结果更加令人信服,精准度更高,管理部门自然也树立起了更高的威信。

新时代下,人力资源管理对数据的依赖程度继续加深,先进的平台与相关技术可以更加科学高效地管理人才信息,管理效率大大提升。管理部门通过先进的平台对数据信息进行获取和分析,不但便捷,而且使整个过程更加规范化,更为人力资源部门的领导者作出决策提供了更为可靠的依据。

3.大数据在企业人力资源管理中应用的主要表现

大数据在企业人力资源管理中的应用,主要表现在以下六个方面:

(1)帮助制定管理策略和规划。在大数据时代下,市场环境瞬息万变,企业也需要随时调整自己的战略、策略来进行应对。这就需要人力资源部门具备十分敏锐的洞察能力,在人力资源战略的规划方面要与企业发展策略相一致,只有二者相协调,人力资源部门才能为企业发展提供强大的推动力。

(2)对员工的能力提出新要求。在传统时代下,员工的工作经验是企业关注的重点,而到了大数据时代已经逐步偏重员工的数据处理能力。在数据规模巨大并且复杂的今天，企业员工须具备对数据理性分析的能力，仅凭经验判断则容易出现失误。因此，员工应当学会运用数据和系统，针对工作的特点掌握相应的数据处理能力，提高工作的准确度和效率。

（3）企业招聘精准化。在企业的招聘过程中，最核心也是最基本的问题就是企业与人才之间的匹配问题，而大数据就为该匹配过程提供了精准高效的工具。在大数据时代，信息传播的渠道增多，人们之间的沟通与交流也越来越频繁。传统的招聘形式主要依靠个人自己撰写的应聘信息来了解情况；而在大数据时代下则可以通过各个社交平台来对个人信息进行深入挖掘，对应聘者的情况有更加全面及深入的了解，从而更加精确地完成企业与人才之间的匹配。

（4）调整员工培训的方向。传统模式下，员工培训多集中于企业相关业务水平的训练；而在大数据时代，对员工的数据信息的整合、提炼、分析、价值挖掘等能力的训练被提上日程。企业员工在对数据熟练运用的前提下还要培养制订行动计划与提高自身执行力的能力。

（5）改进人才考核办法。大数据为人才选拔、绩效考核等问题的研究提供了更加具有说服力的科学依据，能够帮助决策者挖掘出数据之间存在的一些潜在联系，通过这些联系来把员工的综合情况串联起来，有效进行各项考核测评。

（6）人性化的激励制度。在数据流的冲击下，企业的结构、组织等不断进行调整甚至重建，在应对市场环境变化的同时也容易给员工带来心理上的不安全感。因此，在实施人性化基础上的员工激励制度，能够最大限度地提高员工的心理归属感与企业集体荣誉感，激发员工积极性，使其价值的实现与企业价值的增长同步进行。

二、大数据在企业人力资源管理中的应用

（一）大数据在培训考核中的应用

大数据技术的应用使得人力资源管理发生了一场巨大的变革，人力资源管理在这场变革中转型升级并逐渐走向成熟。

这种大数据给人力资源管理所产生的变革，主要体现在以下几个方面：

1.大数据与人力资源培训

人力资源培训主要是指员工任职后，企业通过相关的培训使其技能与业务水平得到

综合提升。随着互联网技术的快速发展,云课堂、云笔记、云教材、云考试等相继出现,使得在线教育进入一个快速发展期。

在线教育突破了时间、空间、年龄、身份等传统教育各种各样的限制,人们可以随心所欲地学习自己感兴趣的知识。

想要提升自身能力的人获得了传统时代难以得到的各种学习资源,自学不再像以往那样很难坚持下去,自学者有了各种形式的在线学习资源,这使得学习不仅满足了自身需要还能获得愉快的体验。培训机构利用大数据分析技术可以找到高质量的内容、水平高的老师、满足消费者需求的各种教材等。

2.大数据与人力资源考核

人力资源管理的关键指标就是考核。一个组织缺乏考核,其想要达成的目标则很难在规定的时间内完成,将人力资源管理考核做到完美是相当困难的。在大数据应用于人力资源考核的背景下,每一名被考核者都必须写自己的工作日志,记录下自己每天所完成的工作及心得体会等。

管理者借助系统统计工具可以对员工的工作状态有一个大致的了解,项目的进度、难点都会清晰地反映出来,而且每个项目成员站在不同角度所表达出来的不同观点也能让管理者有一个综合的把握,出现问题可以及时进行战略调整,及时排除隐患。

例如,电商企业可以借助大数据技术的应用对员工的工作业绩进行预测,产品的年销量过去只能在年终结算时才能统计出来,现在通过大数据可以进行预测,从而对销售人员进行指导,提升企业的利润。

通过大数据分析技术建立数学模型,将具有比例关系的询盘价(产品点击询问的价格)、下单购买时的商品价以及实际交易价反映在数学模型中,使管理人员能够及时了解每个员工的大致销售业绩,业绩超额的给予其奖励,业绩不达标的敦促其调整。

(二)大数据在人员配置中的应用

1.大数据与人力资源配置

人力资源配置是将不同的人才按照岗位需求的不同特点进行分配,其中涉及流程十分复杂的员工综合素质评定,且不同岗位的特殊需求在企业发展的不同阶段也有所不同。

由此,人力资源的管理人员需要做好两个方面的工作:员工素质的综合评定与岗位权责的详细说明。想将这两者实现完美契合,需要人力资源管理人员付出极大的努力。

例如，美国棒球经理比利·比恩，他在全美各地网罗人才，用以组织商业化的比赛。他借助由专业人才制作的棒球人才能力模型，然后带着模型奔走各地搜寻人才。他的模型中有两项指标最为重要：一是在棒球的某一方面表现出过人的才能；二是价格合理，薪资待遇要求合理。凭着这些指标他在美国拥有了许多合适的人选，他组建的团队成功地帮助他在美国的 20 多场棒球比赛中一直保持较高的胜率，吸引了大量的棒球爱好者成为其队伍忠实的粉丝。

2.大数据与人力资源招聘

现实中的企业规模不尽相同，企业规模的大小决定了其对人才的需求也有所不同。一些企业需要有一个高级人才来管理一个项目，而有的企业只是需要一个一般水平的人才来跟进一个项目。当然，一个需要高级人才的企业引入人才所要耗费的资源也比较多，现实中一般企业会把这项任务委托给猎头公司来进行。国际上的猎头公司之所以能够比较容易找到高端人才，其秘密就在于其引入了大数据分析技术。在人才的获取中如果能有一个基数够大的数据库与能进行高速运算的搜索引擎往往会有事半功倍的效果。

猎头公司借助大数据分析技术，构建出其专属的人才搜索体系。这种搜索体系的数据来源比较广泛。例如，专业期刊、学术论文数据库、论文数量以及引用指数、专业论坛的交流信息等。猎头公司利用这些海量的数据，找出自己所需求的信息，再建立自己的人才数据库与需要各种人才的企业相匹配。

（三）大数据在员工管理中的应用

1.大数据与人力资源使用

毋庸置疑，每一个企业都会产生大量的数据信息。员工之间的交流信息可以让企业的管理者掌握员工个人的能力，还能掌握团队间的协作能力，从而帮助企业提升员工之间的协作能力，进而提升工作效率。在未来当有足够量的信息作为支撑时，甚至可以预测出不同人员构成的团队在做同一个项目时所能产生的不同效果。

有些企业借助传感器以及数字沟通记录，能够掌握不同团队适合何种工作。由此，可以为每一个团队贴上"标签"，企业根据团队擅长领域的不同给团队分配不同的任务，这会极大提高企业的项目成功率，为企业创造源源不断的财富。

正如美国的大数据专家本·瓦贝尔所说的"社会传感器"对员工工作信息的收集及整理，打破了团队之间的交流障碍，对企业的效益提升具有巨大的帮助。

当下，大数据已经成为优化服务、拓展技术研发、激活员工创造力的重要工具。不会运用大数据分析技术的企业在未来将会面临巨大的生存压力，企业的管理者以及员工对大数据时代应该积极拥抱，逐渐培养出自己的大数据思维。

2.大数据与核心人才保留

有时，企业中难免会发生一些综合业务能力强、专业技能水平高的人才出走的情况，这无疑会给企业带来巨大的损失。

部分企业为了防止核心人才出走，在薪资待遇、情感文化、事业发展等方面想尽了各种办法，但是还是会出现人才出走的情况。要防止这种因人力资源管理出现问题致使员工出走的情况可以应用大数据分析技术，企业的管理人员可以掌握员工的状态信息，对人才的外流及时预警。

事物的发展往往是有一定征兆的，同样的，人才离职也会在其离职前的一段时间内有所表现。由此，人力资源管理部门要对员工的工作状态信息进行及时整理、动态分析。例如，一些员工平时积极主动，最近却寡言少语；一直拿全勤奖的员工，最近却经常请假；销售业绩经常超额的员工，最近绩效大幅度下滑；等等。

这些征兆，通过分析不难发现，而企业对员工工作状态信息的收集与分析也催生出一种人力资源管理部门的新岗位——员工数据分析员。这个岗位要求任职人员具有极强的数字敏感性，能通过微小的变化察觉出员工的异常情况，并且能够给出相应的问题解决方案。

3.大数据与人力资源薪酬

薪酬待遇对员工是十分重要的，西方企业有一个专门的概念，即"薪酬谈判"，企业所给员工的待遇，有一个专门的谈判流程。

企业所给出的条件如果员工能够接受，员工自然会留下；反之员工会直接离开。这可以看作是企业与应聘者之间所进行的一场博弈，企业在薪资谈判中如果能了解应聘者对薪资水平的认可度，将会使企业占据优势地位。

全球权威大数据专家之一的阿莱克斯·彭特兰发明了一种"社会关系测量器"，它能够搜集人们在生活状态中的一系列行为信息，这些信息能够比较准确地反映出人们的心理状态。将这种技术应用于薪资谈判中，只用半分钟的时间便可以得出应聘者对薪资水平的可接受度信息，招聘人员可以及时调整薪资水平获得自己想要的人才。

这种仪器的测量精确性也是建立在对大量的数据收集与分析前提下的，应聘者对薪资待遇可接受程度的评估需要有海量的数据作为支撑。未来的薪资谈判领域，大数据分析技术的应用无疑将会开辟一个全新的时代。

三、精准招聘

在整个商业界,"大数据"正发挥着越来越重要的作用,这也意味着数据战争时代的到来。大规模的、有价值的数据对企业的发展起着重要的推动作用,谁能掌握最大规模、最有价值的数据,谁就拥有了赢得互联网未来最有利的"武器"。

从平台级企业到更多的细分垂直领域,大数据正发挥着越来越重要的作用,很多垂直领域(如在线招聘、在线医疗、在线教育等)都是依靠"大数据"发展起来的。大数据在招聘领域的发展经历了以下几个阶段:

(一)在线招聘 1.0 时代

在线招聘在中国已有多年的历史。用户可以通过在网上投放简历的方式获得应聘工作的机会,而企业可以在网上海量的简历信息中找寻自己所需要的目标人才。互联网为应聘者与招聘者提供了对接的平台,不仅为应聘者提供了大量的职业信息与工作机会,还为招聘者提供了大量的人才信息资源,在线招聘由此火爆。

在线招聘 1.0 时代有以下几点特征:

1.海量数据

在线招聘 1.0 时代,由于招聘者与应聘者纷纷在网上建立自己的信息资源,所以这是一个"信息入网"的关键时期。如智联招聘、中华英才网等凭借着自身的知名度和巨大的平台,便可吸引很多用户,获得海量简历,并凭借这些大量的用户资源,吸引更多的招聘方进入网站。

2014 年 6 月,智联招聘在美国纽约证券交易所正式挂牌,市值约 7 亿美元,注册用户达到 7700 万,大约有 6000 万份简历存于数据库中。如此丰富的应聘者数据,让智联招聘始终位于在线招聘 1.0 时代的前列。

2.数据结构化、标准化

这一阶段的招聘网站利用自身的固有形式与统一结构,对应聘者的信息进行统一管理。所以,应聘者的相关数据都呈现出高度的结构化,包括个人简历的样式、可供选择的职业类型及从事的行业等。

但事实上,生活中会有各种各样的、更加精细的职业或行业分类,在互联网技术发展如此迅速的今天,新兴行业更是层出不穷,因此招聘网站所拥有的相关数据属性不可能对应聘者的能力与经验进行完全精准的定位。

3.数据带来的简历轰炸与招聘低效

在线招聘在为企业提供大量应聘者信息的同时，不免出现了"简历轰炸"现象。由于网上投递简历的成本很低，而且应聘者为了争取应聘机会，常会漫无目的地将自己的简历投向多家企业，造成企业人力资源管理者被淹没在简历的海洋之中。再加上应聘者为了在网上应聘到好的职位，往往会对自己的简历加以修饰，让很多招聘者无法辨别简历信息的真假，给企业人力资源管理者带来了很大的困扰。

大量涌入招聘网站上的简历信息造成了企业与应聘者之间信息的不对称，这种不对称现象直接导致了企业招聘的效率大大降低。由此可见，传统的招聘网站已经不能满足企业人力资源管理部门对人才数量及质量兼顾的需求。

（二）在线招聘 2.0 时代

随着社交网站在全球的盛行，社交网络中流露出来的用户行为数据受到公众的广泛关注。在中国，大数据的应用已经普及到多个垂直领域，像电影、音乐等；同样，大数据在招聘这一垂直领域的应用为应聘者和招聘者都带来了好处。

在线招聘 2.0 时代伴随着社交网络的盛行，招聘者可以根据社交网站上记录的用户行为信息，对应聘者有更全面的了解。与传统的应聘网站相比较，社交招聘网站能获得更多层次的应聘者的数据信息，如用户的行为数据、用户在社交平台上的互动数据等。

当企业发现了用户交互数据的价值，就会通过构建数据分析模型，对求职者的社交网络的数据以及网络行为习惯进行整合，从而形成一个更加细致的、完整的、全面的用户形象。如果把大数据在在线招聘 1.0 时代的应用看作是一个平面世界的话，那么运用社交网络所获得的大数据在在线招聘 2.0 时代的应用就是一个全新的立体世界。企业通过对用户在社交网络上的数据挖掘，从多方位对应聘者进行更加全面的了解。

领英（"LinkedIn"）是全球最大的职业社交网站，在该网站上，企业可以建立公司主页、搜索用户档案、发布招聘广告、购买付费产品等；而用户可以创建简历、关注企业信息、分享行业咨询、建立人脉关系等。

企业通过在网站上创建公司主页，可以向用户树立自己公司的良好形象，从而增强他们对公司的信任；而用户通过在网站上分享行业资讯与建立人脉关系，传递他们的行业及价值理念。通过该网站，企业与用户双方的形象都更加具体化和形象化。

但是，据统计国内只有 18%的招聘人员认为公司在利用大数据对人才进行招聘时做得较好；而在全球范围内，有 24%的招聘人员对自己公司在利用大数据进行人才招聘方面给予了肯定。这说明，我国的人力资源部门虽然利用大数据进行人才招聘的意识较强，但在实际行动上做得还远远不够。

随着在线招聘 2.0 时代的到来，在线招聘行业在发展过程中展现出一些新的特点，具体如下：

1.招聘最合适的而非能力最强的

在线招聘 1.0 时代，企业在招聘时往往通过在网站上对关键词的搜索来查找相关用户的简历，这种方式的查找结果往往不能准确地得到求职者的相关信息。而在在线招聘 2.0 时代，多元化的数据类型以及企业所采用的新的数据算法，让企业可以更精确地选择自己所需的人才类型。

在传统的招聘过程中，招聘人员通常会关注一些固定的人才指标，如毕业的院校、从事工作的经历、取得的项目成果、同事或友人的推荐等，而新的数据算法又加入了很多新鲜元素，如应聘人员的表现、所具备的能力，对应聘者的信息进行量化分析等。

据美国某数据分析公司透露，这种新的数据算法在对一位应聘者进行分析时，通常需要处理 300 多个变量：就读学校、学的什么专业、参与过哪些项目、获得什么奖项、常逛的网站、描述各种技术时使用的语言类型、在领英上的技能自述等。企业正是通过对这些信息的全面把握，才对应聘者有了更清晰的认识，在找寻自己所需要的人才时也更加精确。

2."大数据"提升劳动力运转效率

"大数据"的应用不仅在网上招聘方面起到了重要作用，在提升团队运转效率方面也同样具有显著的效果。

一些著名的科技公司（如华为、联想等）都已经开始利用领英的数据进行大数据分析，来帮助自己更好地作商业决策。例如，公司通过对网上大量求职者的资料进行数据分析之后，可以更加精准地选择适合本公司的员工。由此可见，通过对领英的数据信息进行大数据分析，企业可以更精准地获取目标。

随着互联网的发展，数据的获取变得易如反掌，然而如何在海量的信息中进行选择，然后有效地加工，为企业提供价值，这是最为重要的一点。社交网站所提供的大数据正在对企业的发展产生着深刻影响。

第三节　互联网时代人力资源管理的主要模式

一、"互联网+人力资源管理"重构传统组织架构

（一）企业价值再造与数据化决策

互联网构建了全新的商业生态，这虽然对企业传统的人力资源管理造成了冲击和挑战，但也为经济新常态下人力资源管理模式的转型变革带来了新的思维理念和发展活力。

1.打破边界，实现企业价值再造

互联网时代的开放、透明、合作、共享等特质，颠覆了以往界限分明的价值创造模式。企业的员工与客户，在互联网的高效连接互通中趋于融合。

企业在围绕客户创造价值的过程中，客户也可以借助互联网平台，参与到企业的创新中去，成为企业的"员工"，从而在更好地满足自我诉求的同时，也为企业创造价值。例如，小米的粉丝用户，既是小米手机的消费者，又能够参与到产品的设计创新与品牌的扩散推广中。

具体到人力资源管理上：一方面，企业应该充分激发员工潜能，转变以往的外在控制模式，尊重员工价值，给员工更多的自主发挥和创造空间。例如，让员工参与人力资源产品和服务的研发、创新、体验，提高企业内部的沟通效率和员工的融入感，实现人力资源管理上的B2E（Business to Employee，企业对员工）模式转型。

另一方面，企业也要转变对客户的定位，注重客户的价值创造能力，将客户也纳入人力资源管理体系之中。借助互联网平台，企业及员工可以实现与客户的高效互动连接。通过这种深度交流沟通，企业能够及时发现客户的价值诉求，并根据客户对产品和服务的建议，及时进行自我变革更新。由此，价值创造的边界消失，员工和客户可以共创价值。

2.数据化人力资源决策

通过互联网平台，企业可以收集、分析、整合内部组织和员工的行为数据，以及员工与员工、员工与组织之间的互动状况，从而为企业的人力资源管理提供大量的数据基础，推动人力资源管理更加科学合理。

具体而言，主要包括以下几点：

（1）通过收集分析员工的相关数据，企业可以将员工的行为模式和价值情感，以数据的形式客观呈现出来，为人才筛选提供客观依据。

（2）利用大数据，企业还可以把握员工的真实诉求，制定更加合理的薪酬奖惩机制。

（3）大数据分析能够精准定位员工的个人能力，为企业科学合理地分配工作和职位提供参考，从而最大限度地降低人力资源的浪费。

（4）利用大数据，企业还可以分析出劳资双方的最低诉求，把握冲突的临界点，从而协调双方关系，缓和内部矛盾，提升企业的整体凝聚力。

总之，借助互联网和大数据技术，企业能够对员工或内部组织的价值创造和经营绩效等各方面的内容，进行更加客观公正的评估，从而推动企业人力资源管理的数据化转型。

（二）去中心化时代的自组织崛起

互联网重构了企业的组织架构。扁平化的网状价值结构，取代了以往科层制的垂直层级结构，个人与组织不再是简单的依附关系，互联网为员工的参与创新提供了无限可能。在这种扁平化的价值结构中，企业的首席执行官不再是绝对的中心和主导者，任何有能力的员工都可以成为价值创造的关键。

借助互联网平台，企业内部结构实现了去中心化的转变，即组织话语权不再是自下而上的层层递进模式，而是取决于成员的价值创造能力。谁能够更好地为企业吸引客户、创造价值，谁就能成为组织核心。

这种基于互联网的价值结构，正如张瑞敏所指出的"企业无边界、管理无领导、供应链无尺度、员工自主经营"。因此，互联网化的人力资源管理，是去中心化的员工自主经营创新，不再是通过外在控制和强迫，而是充分尊重和激发员工的自主性和创新能力，让员工成为价值创造的中心。

例如，海尔提出的人单合一、自主经营模式，就是把与客户联系最为紧密的员工作为中心，给他们提供自主发挥的空间；小米公司则抛弃了传统的KPI驱动，采取扁平化的管理模式，充分激发员工的自主能力。

互联网将人放到中心位置，重视每个个体的能力和价值，因而重构了企业的组织架构：在扁平化的网状价值结构中，董事长与首席执行官不再是企业运营的绝对中心。相反，那些最了解客户、与客户有着紧密沟通互动的员工，往往能够为企业创造更多的价值，因而也就拥有了更大的内部话语权。

例如，小米公司，就是通过合伙人负责制以及去 KPI 驱动等方式，淡化了以往垂直的层级权力结构，让与客户接触最紧密的员工成为核心，并给予他们更大的自主权和创新空间，从而提升了公司的市场反应速度，降低了内部管理成本。

在这些网状价值结构中，企业的资源配置不再是根据 KPI 的预先设计，而是根据围绕客户的价值创造进行的，即谁（员工或部门）能够吸引到更多的客户、为客户创造价值，谁就拥有资源配置的优先权。这种模式的本质，是将企业中的每个成员和部门，都当作价值创造的核心，并通过扁平化、流程化、数据化的企业架构，让每一次创新都发挥出更多的价值。

因而，企业的人力资源管理，不仅要注重核心人才和部门的价值诉求，也要尊重普通成员或非核心部门的价值创造能力。特别是在这个开放、共享的互联网时代，那些小人物的价值创造也可能会被无限放大，甚至引起整体商业模式的重塑。

（三）扁平化时代的人才管理模式

互联网的普及推广，实现了跨物理空间的即时沟通连接，极大降低了人们的互动成本。同时，互联网的开放、透明，也使员工可以自由地表达自我诉求。这种自我表达和互动沟通，很容易在员工社区中达成共识或形成意见领袖，从而极大地增强了员工的话语权。

因此，企业在研发设计人力资源产品与服务时，需要更加关注员工的情感体验和价值诉求。利用大数据技术，精确定位和细分员工的需求，特别是利益诉求之外的情感需要，提供更加多元化、个性化和人性化的人力资源产品和服务，从而实现情感连接，优化员工的价值体验，提高员工对企业的忠诚度。

互联网是以人为中心的时代，人才资源是企业实现价值创造的核心要素。这要求企业制定科学合理的人才筛选机制，建立促进人才全面发展的制度系统，打造高效的人才供应链体系，从而为企业的发展提供持续的人才支持。

具体而言，企业要充分利用大数据技术，进行以下几个方面的工作：

（1）对员工能力进行归类分析，制定清晰明确的标准化能力管理体系，以便设计相应的培养方案，完善人才发展体系。

（2）对企业内部不同的岗位职责，及其所需的能力，进行明确的定位归类，以制定职责与能力之间的最优配置模型，实现岗位人才的精准选拔。

（3）建立完善的人才供应链体系，以避免突发事件（如核心岗位员工离职）或重要项目中人才的缺位。

(4)建立员工全面发展的培训机制,为企业长期发展战略的实施培养和储备人才。

人力资源管理的最终目的,是为了更好地激发员工潜能,为企业创造出更多的价值。这需要企业制定合理的奖惩机制,对员工的价值创造活动进行有效激励。不过,随着员工自主意识的觉醒,传统绩效考核的周期激励模式,已经无法满足员工的多元化价值诉求,因而也就无法有效激励员工、留住人才。

因此,企业需要将以往的周期性激励模式,发展为更能满足员工诉求的全面认可的激励模式。企业为员工提供了多元化的价值满足和情感体验,从而增强了员工的企业融入感,推动员工主动进行价值创造。

同时,互联网的发展也为企业激励机制的转型提供了条件。一方面,员工可以通过网络平台,将自身的各种诉求全面地表达出来,实现组织内部信息的高效沟通;另一方面,企业也可以利用大数据技术,对员工的各种诉求以及价值创造,进行科学合理的定位评估,从而设计出更加人性化的激励机制。最后,借助移动互联网络,企业还可以随时随地了解员工的诉求变化和价值创造活动,从而能够进行即时的反馈、认可和激励。

总之,及时反馈、全面认可的激励机制,能够有效激发员工价值创造的潜能和积极性,提高企业的内部发展活力,塑造良好的组织文化氛围。同时,借助企业社交网络平台的互动,员工也增强了自我管理能力,塑造了参与互动意识,从而提高了企业的凝聚力和内部的协同能力。

互联网时代也重构了以往的组织关系:由以往的企业忠诚,转为更加强调职业忠诚和专业忠诚。

互联网的开放共享性,让员工有了更多的自由流动和价值创造机会。而客户至上的价值创造模式,更看重的是员工为客户创造价值的能力,而非组织忠诚度,即从人才的企业所有制转向价值创造圈所有制。

互联网时代,企业对人才资源的态度应该是"使用而不占有",更加注重人才的价值创造能力,而非人身依附关系。同一个人才,可以利用其专业知识和技能,同时为多家企业创造价值,强调的是职业忠诚而非组织忠诚。

当前已经出现的大量个体知识劳动者,就是这种新思维的体现。这些个体一方面借助专业化的知识,同时为多家企业服务;另一方面又追求自我独立,在人身关系上不隶属任何组织。本质而言,他们是将企业看作自己的客户,将专业知识与技能作为产品,为企业创造价值。

因此，互联网时代，不再是企业忠诚，而是客户忠诚；不再是人才的企业所有制，而是人才的价值创造圈所有制。

（四）以人为中心的"有机生态圈"

互联网时代是一个以人为中心的知识经济时代，人力资本成为企业价值创造的关键要素。一方面，人力资源是企业发展运营中最为活跃、也最具创新能力的要素，处于优先地位；另一方面，人力资本与货币资本具有同等的话语权，在企业管理、资源配置、剩余价值分配等方面，具有较大的影响力。

例如，若只是从资本结构的角度看，"BAT"（百度、阿里、腾讯）都属于互联网外资企业。不过，借助人力资源管理模式的创新，这些互联网企业实现了人力资本与货币资本的共治、共享、共赢。因此，从人力资本的角度来看，BAT应该属于国内私营企业。

互联网时代，人力资源是价值创造的关键要素，其优先性主要体现在：

（1）人力资源的管理发展，优于货币资本等其他价值创造的要素；

（2）人力资本作为企业重要的投入要素，享有利润分配权；

（3）人力资本的互补、合作与创新，成为互联网时代人力资源管理的新思维。拥有专业知识的人才将参与到企业的经营管理中。

互联网时代重构了企业的组织架构与运作方式：从自上而下命令式的信息传递与协调，转向扁平化、流程化、团队化的相互沟通与协作。这种组织架构是一种"有机生态圈"，可以吸纳整合更多的成员参与进来，并构建出一个人力资源的价值创造网络。

这种价值创造网络，顺应了互联网时代"以客户为中心"的特质，即企业不再拘泥于不同部门或岗位的职能，更加注重不同部门和职位的协同合作，通过无边界管理、流程管理、团队管理等方式，实现更大的协同效应，从而为客户创造更多的价值。

对于人力资源管理而言，需要树立跨界管理的思维模式，通过跨边界甚至无边界的管理创新，整合资源为己所用，从而构建出一个具有高效价值创造能力的有机生态圈。

具体而言，这种跨界思维，是对人力资源管理全方位的重塑，具体包括以下三个方面：

（1）垂直方向。一方面，人力资源管理要从更加上层的战略性维度，合理规划与配置企业的各种人力资本，实现"人尽其用"，从而达到人力资源的梯队配置与高效利用，为企业创造更多的价值；另一方面，在向下的基层员工管理中，也要转变以往硬性的管理思维和模式，更加注重满足员工的多元化、个性化价值诉求，从而激发员工动力，提升员工忠诚度。

（2）横向维度。人力资源管理部门要重新定位自我角色，成为业务部门的合作伙伴，帮助一线经理寻求、整合更多的内外部资源，提高业务成员的能力，从而更好地为客户创造价值，增强企业的收益获取能力。

（3）内部管理与外部整合。一方面，人力资源管理需要借助大数据等技术，对企业岗位职能和员工能力进行更加精准的定位和把握，从而最大限度地发挥每一位成员的专长，实现人力资本的优化配置和协同运作；另一方面，要树立跨界管理思维，不仅要打破企业内部的部门界限，更要跨越企业整体的组织、文化边界，积极与外部社会和组织进行沟通合作，从而通过外部合作生态，构建出具有高度价值创造能力的有机生态圈。

互联网时代是以人为中心的时代。因此，企业人力资源管理方面的重构，也需要围绕人的转变来进行。具体而言，互联网时代，人们的价值追求更加多元化、个性化；信息的开放、透明增加了人们价值获取的渠道和机会，个体的组织黏性降低，流动性增强；扁平化的网状结构，增强了人们的资源获取和创新能力，任何人都可能成为价值创造的核心。

这些互联网时代的特质，要求企业始终将"人"视为最重要的资源，在思维转变和管理模式的创新中，真正做到以人为本，让每一个员工都能实现最大的价值创造。

二、人力资源 O2O 模式

（一）人力资源 O2O 模式的架构设计

就目前来看，"互联网+"已经被诸多企业纳入了未来的发展策略。互联网发展势头迅猛，其以海量的资源、快捷的渠道等为传统企业提供了升级改造的良好契机。通过与互联网的结合，企业将逐步形成"线上沟通+线下体验"的全新模式，也就是人们所说的 O2O 新模式。

那么，对企业内部的管理来说，人力资源是涉及人员范围最广的方面，企业人员的管理对企业的发展产生重要的影响。那么从提高管理效率、优化管理效果等方面来看，是否也需要借助互联网呢？

信息化浪潮几乎席卷整个市场，组织形式的建立都将与互联网紧密相连，电子商务在各个领域都发挥着越来越重要的作用。人力资源部门作为企业内部的智能管理者,对企业的建设和发展起到轴心推动的作用,重要性显而易见。那么要想整个人力资源部门发挥更强大的作用,自然也就需要新技术、新模式对其价值进行进一步挖掘。

通过与不同企业的人力资源管理者进行沟通和交流,可以了解到管理的普遍现状及存在的问题和未来的发展。下文从企业的角度出发,分析一下在当今互联网大潮无可避免的现状下,人力资源管理者应如何抓住新契机,利用互联网技术来全面提升企业的人力资源管理。

"线上+线下"是互联网时代的显著标志,那么对于企业人力资源管理来说,其线上服务和线下服务具体指以下几点:

第一,只要是人力资源工作者与服务对象必须要身处现实环境或者需要以实体为参照物进行交流的服务,就是线下服务;而双方可以借助信息网络平台进行沟通交流的服务,就是线上服务。

目前来看,线上服务在企业当中的实现还主要依靠公司内部网,未来的发展方向就是逐步转向完全依托互联网云空间或者云模式。在此模式下企业可以建立企业内部相关人员、岗位、业务等方面的资源库,利用互联网技术进行资源管理和分析,甚至可以为企业的决策进行数据预测。

第二,对于线下服务来说,人性化是至关重要的一点,在服务过程中把企业的文化、情感等融入服务对象的体验当中去。

第三,通过线上与线下的有效结合,企业人力资源管理将上升到新的层次和境界,数据化、专业化与人性化相结合,提高管理效率与服务质量。

以集团企业为例,线上与线下服务的有效配合,极大地提高了企业管理效率,并且降低了人员成本。

例如,传统模式下一个人的管理对象最多有8个,而在互联网信息系统的帮助下,管理者或被管理者可以通过线上沟通,前者可以随时对后者的信息情况进行查看和管理,而且通过资源库中的信息可以对被管理者的详细资料进行全面了解,如工作历史、兴趣爱好、工作成绩等。

此外,信息更新变化的动态性使得管理者可以随时根据变动来调整被管理者的工作内容,整个组织的扁平化管理就会更容易实现。

与此同时,人力资源管理部门还可以对部门进行划分来明确权责,优化管理。

（二）打造线下线上一体化服务体系

1.线下管理沟通交流服务系统

线下沟通交流是人力资源管理制度修订、规范等方面的必经渠道，交流方式有会议、调研等，交流形式往往是按照权限来层层展开的。

要想做好线下服务就要依靠线上服务提前进行了解和部署。例如，提前了解员工的生日以便及时作出个性化的安排，表达企业的人性化关怀，增强员工对企业的归属感。

通过线上业务处理的提醒，线下沟通和交流可以有效针对相关方面的工作绩效、职业培训、活动安排等进行面谈，根据问题切中要害，大大提高效率。

此外，根据对被管理者的了解以及其提出的建议，再加上数据分析提供的依据，可以有针对性地对员工实行个性化福利、绩效奖励等；还可以给员工提供与管理者"面对面"的机会，针对员工特点为其提供职业规划。这样一来就彰显了企业人性化管理、人文化关怀的特征，能够极大调动员工积极性，最大化挖掘人的价值。

2.线上网络在线服务系统

信息化网络可以整合数据，将企业日常的业务处理以及数据分析等加以整合，真正实现企业办公的规范化和数据化，优化协同配合的效率。

与此同时，传统模式下需要层层沟通、审批的流程在互联网的帮助下可以跨越时间和空间来进行，从而节省了时间和人力，大大提高了人力管理的服务效率。不仅如此，通过对外部人员的授权（如消费者对服务的评价、人才应聘等），能够进一步提高人力资源的服务价值。

（1）线上管理员工关系

互联网为员工关系的管理提供了极大的便利，管理者可以为员工在整个职业中的数据建立起一个完整的数据存储，对员工的综合情况进行全面了解，并能够随时进行查阅。根据员工不同的情况部署工作，尽量做到发挥每个人的特长。

除此之外，管理者还可以通过互联网在领导与员工之间、员工与员工之间以及管理者与被管理者之间的沟通交流平台，实现扁平化交流。尤其是对年轻一代的员工来说，互动沟通可以极大唤醒其对企业"主人翁"的意识，从而大大拉近企业与员工之间的关系；员工对企业的信任感和归属感增强，责任感自然上升。员工对企业的建议可以得到同步反馈，企业信息也能够动态化、透明化发布，双方可以随时随地进行沟通，这极大提高了企业运营管理的效率。

(2）线上管理薪资福利

对于薪资福利来说，除了可以在线建立相关的数据收集和分析系统外，还可以建立透明的查询系统。员工可以在公司网站上查阅自己的薪资福利，也可以通过邮件等无纸化形式收到自己的工资信息。这样既能节省以往工资条形式产生的办公费用，又能提升工作效率，而且透明度提高，薪资内部竞争的公平性便彰显出来。

此外，还可以利用互联网对各个部门的薪资福利发放进行监督，随时关注动态信息，注意异常情况，督促企业按照规章制度严格执行。

（3）线上进行绩效管理与考核

在传统模式下，绩效考核往往只注重结果，过程的正确与否无从考证。现如今在网络系统的帮助下，绩效管理的模式方案可以实现实时性的动态考核和管理。考核者与被考核者之间可随时进行交流，因此后者的工作行为随时都会被关注。在网络系统的全方位监控下，考核速度以及考核覆盖都能够高效全面地完成，最大限度地保证了考核的公正和公平。

同时，借助互联网，企业也接受消费者直接参与对员工的评价，尤其是对直面消费者的员工的评价。

（4）线上进行招聘管理

企业招聘管理的核心是树立优秀的企业雇主形象，从而吸引优质雇员主动加入。通过互联网，企业可以建立招聘网站，主动宣传企业形象，吸引人才。同时也可以通过管理人员与外界优秀人才的沟通建立自己的人才库；在有岗位需要纳新时优先在人才库中筛选。这样一来不但大大提高了招聘的效率，还能够降低招聘成本，有助于企业引进优质人才。

（5）线上开展培训管理服务

互联网为很多企业员工提供了更为方便且低成本的学习环境，学习的互动交流性大大提升，互动形式也多种多样，如小窗口在线答疑、课程内容个性化安排、点赞激励等，能够极大刺激员工的学习兴趣。

"微课程"的设立还可以让员工利用碎片化时间及已大面积普及的移动设备随时随地进行"充电"。

（6）线上服务能够支持领导决策

互联网系统能够对各类信息进行迅速查询和分析，如岗位信息、员工信息等。而对于各级领导来说，能够随时动态掌握企业各方面信息可以帮助自己对企业状况有更为科学的把握，对正确决策起到了积极作用。

总之，互联网系统以其高效便捷的数据处理及方便广阔的虚拟空间和交流平台为企业内外部人员提供了各式各样的服务，在大大提高运营管理效率、压缩管理成本的同时，也能够促使人力资源管理实现在新环境下的转型和升级。

三、人事外包

（一）互联网时代人力资源管理的新趋势

有很多中小企业在人力资源管理中通常会遇到这样的问题：

（1）员工流失严重；

（2）招聘的效率低、质量也不尽如人意；

（3）对员工的基础性培训不充分；

（4）人员信息混乱；

（5）经常出现员工与企业之间的劳资纠纷；

（6）员工对人力资源管理的意见多，不愿服从管理。

上述在企业内部出现的问题已经让企业管理者认识到了人力资源管理的重要性，并且开始着手提升人力资源管理水平，有效缓解和改善企业出现的这些问题。然而很多企业却受制于人力资源管理者的数量以及能力，而且平常公司人事业务，分散了人力资源管理者的精力以及时间，虽然他们在工作中尽心尽力，但是却收效甚微。

中小企业要有效提升人力资源管理者的管理水平，人事服务外包就是一种最好的答案，并且已经有许多企业付诸实践，事实也证明这一方法卓有成效，为其他企业树立了良好的榜样。

因此，对于中小企业来说，将人事服务外包或许是一种较好的方式，不仅可以获得更加专业、全面的人事服务，同时还可以有更多的精力专注于公司业务的开展，促进企业的快速发展。

专业和专注是互联网时代的一个重要特征，互联网的发展让整个市场环境都处在一种不断变化之中，因此企业要想做到更好地经营就必须专注于核心业务，回归行业发展的本质，对非核心业务要尽量减少投入的时间和精力。

中小企业在资源储备方面可能会相对不足，只有将企业资源重点放在主营业务及主流程序上，才能帮助企业迅速提升业务能力，并在市场竞争中取得更多的优势。

中小企业的管理者也应该将更多的精力放在业务经营上，而企业内部过于繁杂的人事业务容易分散管理者过多的精力和时间。而且对于中小企业来说，一般的人事工作不是企业的核心业务，即便是将其外包出去也不会影响企业的核心竞争力。

网络式发展也是互联网时代的一个主要特征，在这个由众多点组成的社会经济网络中，企业只是其中的一个点，需要与网络上的其他点连接起来，为企业创建一个发展的空间和平台。

因此，这就需要企业在网络式思维方面有更高的思想觉悟，将企业外部的各种资源整合，由专业的机构以及人员来开展相关工作，帮助企业构建综合性、均衡式的生态系统，从而形成一种良性的发展态势，在激烈的市场竞争中赢得更多优势。而企业就可以将人事外包机构作为一个考虑对象，通过人事外包服务为企业构建一个更具潜力的人力资源管理平台。

在互联网所掀起的巨浪面前，有远见卓识的企业管理者能够及时抓住时代的机遇，并认识到时代的大势是不可逆转的；只有顺应时代趋势，借势优化升级，才能在即将到来的竞争中抢占先机，提高企业在市场上的存活率。

人事外包就是未来人力资源管理者管理的一种重要趋势，谁能率先把握这一先机，积极推行人力资源管理的变革，谁就将在未来的人力资源管理中收获更多的回报。

（二）打造企业外部人力资源管理共享服务平台

从本质上来说，人事外包就是企业外部的人力资源管理共享服务平台，这个共享平台上汇聚了众多不同类型的企业，它们在平台上共同分享专业化以及标准化的人事服务。共享服务平台除了为企业提供共性的人事服务，帮助企业实现资源的最优化利用外，还会从各个企业的实际情况出发，提供个性化的服务，从而帮助企业达成人力资源管理的目标。

人力资源管理共享服务平台可以为企业提供专业化以及标准化的人事服务，提高企业的增值性效益，而企业只需要支付较低的成本就可以实现这一目标。

对于很多中小企业来说，由于实力受限，往往内部的人力资源管理人员数量比较少，而且专业能力水平较低，没有足够的人员来从事企业流程的建设、人力资源政策的分析制定以及对接外部的相关办事机构等，这就使得企业很多业务不能正常开展或进展不顺利。

因此，中小企业亟须一个合作伙伴来协助其开展各种事务性的工作，从而提升企业的管理水平以及抵御风险的能力，并利用专业、细致的人事服务赢得员工的认可和支持，从而促进企业持续健康发展。

对员工的管理是企业在成长过程中的重要组成部分，从招聘、入职、对新入职员工的培训、绩效管理、薪资管理、离职管理等都是人力资源管理者的工作。这些业务流程不仅烦琐而且复杂，需要付出比较多的心力和精力。对员工来说，在与企业的管理者以及人力资源管理者接触的过程中，产生的感受都有可能会影响他们对企业的评价以及认同程度，进而影响员工在本职工作中的表现。

但是在很多中小企业中普遍存在的一种现象就是：人力资源管理的管理流程比较混乱、人力资源管理者缺乏较高的职业化素养、管理能力参差不齐，不能为员工提供高水平的人力资源服务，从而导致人力资源管理者虽然付出不少，但收不到良好的效果，而且员工对企业普遍不信任也使企业产生了较高的离职率。

人事外包对企业的发展来说具有重要的意义，主要表现在以下几个方面：

（1）人事外包机构可以更高的效率和服务水平，高标准地完成企业托付的人力资源业务，让员工体验到更专业、更优质的人力资源服务，从而提升员工对企业的满意度。

（2）与中小企业相比，人事外包机构拥有更丰富的专家资源和信息渠道，可以为企业在外部人力资源整合方面提供更多的帮助，而且这些专家资源也可以根据企业的特点提出一些比较专业化的建议，从而让企业在人力资源管理以及运作中避免走更多的弯路，减少劳工风险的出现。

（3）企业在将人事业务外包给相关的外包机构之后，可以有效减少与外部办事机构，如社保部门、人才中介等的沟通，而且即便是沟通，也只需采用比较简单的沟通方式就能达到预期的效果。

人事外包机构一般会采用"一对一"的服务模式，企业只需要与对接人事外包机构的客户经理进行对接，向他传达企业在人力资源管理方面的要求，客户经理就可以将企业的要求交给专业的实施团队去运作。这样一来，企业只需管理一个外部对接机构，就可以实现自己的人力资源管理目标，极大地减少了工作量。

（三）中小企业如何选择人事外包机构

1.选择人事外包机构的三个标准

在决定将企业的人力资源业务外包之后，企业选择人事外包机构应从以下三个方面进行考虑：

（1）有丰富的人力资源管理经验以及实践经历

通常这样的机构比较熟悉企业的人力资源的管理运作，并且也具有比较深刻的成功或失败的经验总结，能够在接手企业之后迅速抓住人力资源的管理脉搏，从而以较快的速度将企业的人力资源管理推进到规范化的运作轨道中来，对在管理和运作中出现的各种突发性问题也有较快的反应以及解决能力。

人事外包机构在经过多年的发展和运作之后，积累了比较丰富的人力资源管理专家资源，可以为企业提供更加专业化以及个性化的咨询服务，并根据企业的实际状况以及特征给出合理化的改进建议，提升企业的人力资源管理水平，减少劳资纠纷。

（2）具备先进的互联网系统工具

因为人力资源管理中的各项流程与各种信息由于烦琐性以及庞大性的特点，使得必须要有互联网系统作为重要的工具，开展流程实施以及数据跟踪。

互联网系统工具的水平是衡量外包机构人力资源管理运作水平的重要标准。人事外包机构还需要根据企业个性化特征提供高度定制的互联网工具服务，在具体的实施过程中要确保互联网系统的稳定，加强信息安全的保密性，同时还要在发展中不断进行优化升级。

（3）曾经有过在类似行业或规模的企业中从事人事外包的经验

不同行业以及不同规模的企业在人力资源管理方面的服务要求也不一样，如果人事外包机构曾经有过类似企业的成功管理经验，那么在本企业的人力资源管理中就会更加得心应手。

2.企业外包工作内容

每个企业的实际状况以及对人力资源管理的要求都不一样，因此企业应该在充分分析自身个性化特点的基础上选择人事外包机构，需要考虑的因素包括以下三个方面：

（1）要了解在企业的人力资源工作中发生量最多的内容

例如，一些制造型企业普通员工的招聘问题比较突出；而一些零售类企业最大的问题发生量是对新员工的入职培训；还有一些企业比较突出的是劳工关系问题等，这些都需要有专业的人事外包机构提供劳动风险法律咨询服务以及相关的诉讼代理服务等。

（2）企业内部管理人员的配置以及能力水平

企业中的很多人力资源管理工作需要投入比较多的人力。例如，企业入职的新员工比较多，关于新员工的入职手续、日常考勤以及合同档案的建立和管理等需要耗费比较多的精力，因此企业就可以考虑将这部分业务外包给人事外包机构；还有的企业内部的人力资源管理人员缺乏专业能力，因此企业可以将专业性要求比较高的薪酬管理以及绩效管理等人力资源管理工作外包出去。

（3）员工抱怨或者投诉比较多的人力资源管理流程环节

员工在某些流程环节上的抱怨及投诉比较多，也就说明员工对企业在这方面的业务处理并不满意，如果企业不能有效缓解这些问题，这种不满就可能会影响员工的工作积极性，从而降低工作效率，影响企业的价值创造。

因此，企业就可以将这部分业务交给专业的人事外包机构来处理，通过提供专业化、标准化以及规范化的人力资源服务，提升员工对企业的认可，同时也可以解放企业的管理人员，让他们将更多的精力放在主营业务的管理上。

特别是对专业性要求比较高的劳工争议，企业通过外包机构的专业人员可以迅速处理这些争议，从而有效避免劳工诉讼。

上述几个方面是企业在选择人事外包机构以及外包业务时应该重点考虑的几个因素。除此之外，企业在与人事外包机构敲定要合作的人事业务之前，还应该对人事外包市场进行充分调研，了解不同的人事外包机构在业务开展方面的优缺点，从而根据自己的实际需求选择合适的人事外包机构。

总体而言，人事外包可以分为人事业务全外包与部分外包、全地域外包与部分地域外包、全员外包与部分员工外包、长期外包与中短期外包等类型。

一般企业与人事外包机构建立合作关系的流程如下：

（1）了解自身的人事业务发展状况以及特点和需求；

（2）调研人事外包机构的市场状况；

（3）与人事外包机构进行初步接触；

（4）根据外包需求与对方探讨合作方案；

（5）确定人事外包机构；

（6）具体的业务交接以及试运行；

（7）业务的具体运作；

（8）周期性总结；

（9）阶段性优化和升级。

企业与人事外包机构伙伴关系的建立是一个不断磨合以及深入的过程，双方都需要付出足够的耐心和决心，在不断的摸索中找到最适合企业发展的人事外包模式，从而促进企业的快速成长，实现双方的互利共赢。

参考文献

[1]程杰，孙改龙．能源互联网建设背景下供电企业的新型绩效管理[M]．北京：中国计量出版社，2022．

[2]孙维林．企业管理方法论[M]．北京：中国工人出版社，2021．

[3]李蕾，全超，江朝虎．企业管理与人力资源建设发展[M]．长春：吉林人民出版社，2021．

[4]韩连胜．一流管理创新：走向世界的企业管理体系[M]．天津：南开大学出版社，2021．

[5]葛玉辉．人力资源战略与规划[M]．北京：电子工业出版社，2021．

[6]郭云贵．人力资源管理：慕课版[M]．武汉：华中科学技术大学出版社，2021．

[7]赵高斌，康峰，陈志文著．经济发展要素与企业管理[M]．长春：吉林人民出版社，2020．

[8]郑俊生．企业战略管理：第2版[M]．北京：北京理工大学出版社，2020．

[9]上海市劳动和社会保障学会编．人力资源和社会保障管理实务手册[M]．上海：上海社会科学院出版社，2020．

[10]张绍泽．人力资源管理六大模块实操全案[M]．北京：中国铁道出版社，2020．

[11]刘翔宇．动态环境下人力资源柔性能力的形成及作用机制研究[M]．北京：知识产权出版社，2020．

[12]蔡黛沙，袁东兵，高胜寒．人力资源管理[M]．北京：国家行政学院出版社，2019．

[13]陈锡萍，梁建业，吴昭贤．人力资源管理实务[M]．北京：中国商务出版社，2019．

[14]林枚．人力资源管理：互联网时代的视角[M]．北京：经济科学出版社，2019．

[15]祁雄，刘雪飞，肖东．人力资源管理实务[M]．北京：北京理工大学出版社，

2019.

[16]曹科岩. 人力资源管理[M]. 北京：商务印书馆，2019.

[17]田斌. 人力资源管理[M]. 成都：西南交通大学出版社，2019.

[18]徐艳辉，全毅文，田芳. 商业环境与人力资源管理[M]. 长春：吉林大学出版社，2019.

[19]周颖. 战略视角下的人力资源管理研究[M]. 长春：吉林大学出版社，2019.

[20]李涛. 公共部门人力资源开发与管理[M]. 北京：中央民族大学出版社，2019.

[21]王晓艳，刘冰冰，郑园园. 企业人力资源管理理论与实践[M]. 长春：吉林人民出版社，2019.

[22]陈伟. 腾讯人力资源管理[M]. 苏州：古吴轩出版社，2018.

[23]孙希文. 互联网的云管理思维[M]. 天津：天津人民出版社，2018.

[24]欧阳远晃，王子涵，熊晶远. 现代人力资源管理[M]. 长沙：湖南师范大学出版社，2018.

[25]曹喜平. 企业人力资源管理研究[M]. 西安：西安交通大学出版社，2017.

[26]施杨，段新冉. 人力资源管理 理论与实务[M]. 沈阳：东北财经大学出版社，2017.

[27]马振耀. 人力资源管理理论与实践新探索[M]. 天津：天津科学技术出版社，2017.